地方公会計2016

〈統一基準と実務上の諸問題〉

編著：一般社団法人 地方公会計研究センター

東峰書房

目次 【地方公会計2016〈統一基準と実務上の諸問題〉】

はしがき ……………………………………………………… 4
一般社団法人 地方公会計研究センター　代表理事　　　　　淺田隆治

〈第1章〉
固定資産台帳整備
―道路の評価についての考察 ………… 9
一般社団法人 地方公会計研究センター(LPRC)

　　井藤税理士法人　公認会計士・税理士　　　　　　　中神邦彰

　　税理士法人ヤマダ会計　　　　　　　　　　　　　　玉澤一雄

　　税理士法人諸井会計　　　　　　　　　　　　　　　佐保　新

　　LPRC事務局長　　　　　　　　　　　　　　　　　　野中俊也

〈第2章〉
地方公会計統一基準の
資産負債内訳簿と
附属明細書の作成方法 ………… 45
秋田中央税理士法人・安心経営株式会社　代表取締役　　杉山　隆

株式会社システムディ　公会計ソリューション事業部　　山崎大地

　　同上　　　　　　　　　　　　　　　　　　　　　丸山あゆみ

編著：一般社団法人 地方公会計研究センター

〈第3章〉
「注記」について ……………………… 79
エスティコンサルティング株式会社　　　　　　　　　　　　鈴木利勝

秋田中央税理士法人・安心経営株式会社　代表取締役　　　杉山　隆

〈第4章〉
統一的な基準の意義 ……………………… 93
菅原正明公認会計士・税理士事務所　所長　　　　　　　　菅原正明

〈第5章〉
純資産変動計算書について …………… 109
近藤一夫税理士事務所　　　　　　　　　　　　　　　　　近藤一夫

はしがき

一般社団法人 地方公会計研究センター
代表理事　淺田隆治
（公認会計士・税理士）

〈一〉

　「大臣通知」と共に、総務省から地方公会計に対する新しい「統一的な基準」が発表されて１年近くが経過する。いま、地方公共団体の関係職員の皆さんは、まずはその第一段階としての開始固定資産台帳整備の作業に大童の日々を送られている。この皆様方の働きを御支援することが、この書物の第一の目的であるが、この機会に私達の考える公会計の原点を再度確認させていただきたいと考える。

　会計に関する「基準」は、実践の積み重ねにより、さまざまに豊富化されて、進化していくものである。しかし、絶対にかわらないものは、それが正規の簿記の体系によって支えられていることである。正規の簿記とは現代では「複式簿記」を意味するものであり、公会計の意味とは、公的組織に複式簿記の会計体系をつくり出すことであるといえる。今日の「統一的な基準」の最大の意義は、「現行の予算・決算制度の『補完物』」としてではあるが、複式簿記を制度として地公体の中核に位置づけたことである。

　現代の日本の財政問題は、次の三つの問題に対する解を求めることであると言われている。

「1．公債残高の膨大な累積
2．更新時期を迎えている巨額な資産
3．年金の永続的可能性」

である。これら三つは、いずれも、世代間の衡平を実現する「現在と将来を関係づける」財政問題である。長らく日本の公的組織を支えてきた現金主義基準による会計の制度では、この問題に対する合理的な解を求めることは出来ず、資産と負債（ストック）を媒介して、現在と将来を結びつける発生主義基準によってしか、事態の解明は進まない。そして発生主義の基準は「複式簿記」による体系によってしか実現出来ず、ここに「複式簿記」の制度導入の今日の意義があると考えられる。

〈二〉

　複式簿記は一つの技法であり体系化された制度であるから、システムを提供するだけでは絶対に確立出来ない。それを理解した人材が必要であり、それを理解して結果を用いようとする人々も要る。この人材が育成されるまでは、どんな方法をとろうとも複式簿記は実現できない。今、市の職員の中にはそういう人々は決して多くはない。その中で基準モデルが成立したのは、市の職員の指導の下でサポート（支援）にはげむ人が他にいたからである。それに従事したのは会計事務所である。これは決して不思議でも不合理でもない。

　日本に複式簿記が普及したのは戦後の70年間である。第二次世界大戦前には、一部の製造業の大企業の中では複式簿記によって会計処理が行われたが、広く一般に広がっていたわけではない。それは、税務上複式簿記を要求されなかったからである。戦前の所得税（昭和15年以後は法人税）は賦課方式であって、申告納税ではない。調査委員会が設置されて、業種毎に利益率を算定し、売上毎にその率に応じて当局が利益を推算し、それに基づいて税は決定され徴収されていたのである。戦後、シャウプ税制により納税方式は申告納税方式となった。ここで初めて日本の企業は自らの利

益を計算する必要が生じ、複式簿記を取り込むに至ったのである（複式簿記でしか利益は計算できない）。そしてそのため、税務職員の早期退職勧奨も含めて、全国に会計事務所をつくり、簿記学校（大原学園）網をつくって複式簿記を広めたのである。それでも時間はかかり、昭和40年代では普及率は1/4である。急速に広まったのは50年代から60年代に広まったシステム化の動きである。そして、今日を迎えて複式簿記は民間に定着したと言われるが、未だ自ら帳簿をつけている企業は6割である。複式簿記の拡大は、「記帳代行」による「自計化推進」（自ら会計を行う）である。「記帳代行」と「自計化」は一見矛盾するようにみえるが、実際はそのようにはならない。まずは、外部の会計事務所が「記帳代行」しながら制度を作り、内部に一定のスキルを持った人材が育てば、直ちに実現可能な簿記制度をつくることによって、それは実現したのである。今、自治体で広まろうとしているのはこれである。戦後70年の民間の複式簿記普及の歴史がコンピューターシステムによって圧縮されるが、やはり繰り返していくのである。

　さらに、今日「記帳代行」は単なる、「自計化」の手段ではなく、効率的な処理の作業、即ちアウトソーシングとして新しい意味を付与され、逆に拡大の道をたどっている状況にもある。

〈三〉

　さて、今回の「統一的な基準」は「会計議論の末の理論的帰結でなく、いくつか存在した会計上の考え方の調整を図ったもの」といわれている。だから、ある人にとっては多少喰い足りないものも残るかも知れないが、全ての関係者が、共通の出発点にたった意味は大きい。会計の実践的性格も考慮する時は、この方向はとても大事であり私達も願ってきた方向である。私達はその上にたって、次の二つの方向でこれまで通りの研鑽に努めなければならない。

　一つは、暫定的に留保されたが、公会計の根本的論点として争われた「資産評価論争」と「税収の本質的性格論争」を新しい視点から見直し、論議を

展開することであり、第二には、総務省マニュアルで規定されている「基準」をより詳細的な「実務指針」として具体化していくことである。抽象的思考と具体的実践を相互に結合していくことが、何事にも重要であるが、会計はその性格上特に注力しなければならない。

「統一的な基準」が旧来の基準モデルなどと異なって、範囲を大きく広げていることも特徴的である。第一は、財務書類の活用の方向を大きくさし示している。もとより、公会計は地公体におけるいくつかの課題を解明することを目標としていたものであるから、これは当然の事であり、これまでも当然意識はされていたが、そこまで展開する余裕がなかったのである。当面「公共施設等総合管理計画」に集約される資産管理の展開は当初からの重要な目標であったが、人件費の配賦や、減価償却費の算入を含むフルコストによる事業別の行政コスト計算も、火急の課題であった。今回の基準は、単にこれらのデータ解析でなく、それを予算編成にまでむすびつけていくことを提起している。地方公会計は、ここで具体的なアクションを生み出す、本当の「情報」としての意味をもつものとなると思われる。第二に、今回の「統一的な基準」においては、「資産負債内訳簿による検証」や「附属明細書」や「注記」についての要件も定義化している。「仕訳と固定資産台帳の相互照合による検証」という「中間とりまとめ」以来の大テーマは、棚卸法による「資産負債内訳簿」との照合という総体的な手法によって体系づけられた。

また、これは、詳細な附属明細書の添付や、注記によって民間企業の「有価資産報告書」のレベルへの実現で締められている。予算決算制度の補完物とはいえ、会計書類としては十分なものをもったと思われる。

以上述べてきたように、今回の「統一的な基準」は今までの三つのモデルのレベルをこえる。本格的な会計基準と言ってもよく、本書では総務省マニュアルではふれられなかった詳細事項にふれることにより地方公会計の推進に少しでも役立てば幸いである。

第1章

固定資産台帳整備
―道路の評価についての考察

一般社団法人 地方公会計研究センター(LPRC)
 井藤税理士法人 公認会計士・税理士 中神邦彰
 税理士法人ヤマダ会計   玉澤一雄
 税理士法人諸井会計   佐保　新
 LPRC事務局長   野中俊也

本資料は、道路の固定資産台帳整備に伴う論点を、地方自治体への聴聞等をもとに纏めたものである。

1. 道路の計上単位について
2. 道路の構造について
3. 評価額の算定（価格の設定）に関する調査結果
4. 会計上の諸問題に関する検討
　　　(1) 構造からみた償却資産と非償却資産の区別について
　　　(2) 取得価額の捉え方
　　　(3) 耐用年数について
　　　(4) 供用開始時期について
　　　(5) 除却処理について
5. 旧基準モデルの実績の取り扱い
6. 〈参考〉地方自治体における処理について
　　　(1) 勘定科目
　　　(2) 所管部門
7. 資料

1. 道路の計上単位について

(1) 資産（道路）の特定
　資産の評価を行うためには、その前段階として資産を特定する必要がある。地方自治体ではその所有する資産が広域に亘って存在している反面、その詳細につき記された資料が十分に保持されていないことが多く、これが大きな障害となっている。特に道路については自治体が所有する資産に占める割合が高いため、この点を十分考慮する必要がある。最もこれらは、過去に建設された道路に関するものであり、今後、建設される道路についてはその都度、計上していけば良いので特に問題とはならない。

　即ち、公会計において開始時の貸借対照表（財務書類）を作成するうえで、それまでに建設されてきた道路をどのように特定し、台帳上に計上するかがまず最初に直面する課題となる。道路については、道路台帳が整備されているため、まずは当該台帳をデータの源泉として資産を特定することが考えられる。

(2) 道路台帳
　道路台帳は昭和60〜63年頃にかけて作成整備されている。道路の延長距離の記録があり、地方交付税の基礎資料として提供されるデータの源泉資料ともなっている。記載内容としては、路線の名称・延長数・幅員・道路認定日等が記されているが、工事原価等のデータは通常記載されていない。課題としては、道路台帳作成日以前に建設された道路については台帳作成日を道路認定日として記載していることが多い点である。

(3) 道路の計上単位
　道路の計上単位としては下記の2つの方法が挙げられる。
　①路線
　②年度事業費

上記①については、道路台帳から道路の所在地や面積（幅員×延長距離）を引用し台帳上に記載していくことになる。その結果、路線ごとの表記となる。上記②については、別途把握される年度ごとの道路事業に投下された金額を1年度1本として台帳上に記載するものである。①については、道路としての資産の特定ができるが、その評価額については道路台帳に記載がないため別途算定しなければならない。一方、年度ごととは言え、投資金額の観点から道路を把握しようとしたものが②となる。よって、②については、具体的な"もの"としての道路を特定することはできず、財務書類へ資産額や減価償却費などの数字の提供に限定した意味合いでの台帳ということになる。

　固定資産台帳は会計補助簿としての役割を果たすものであるが、台帳としての第一義的な意味合いは資産を具体的に把握計上していくことにあるため、この点からは上記①が望ましいものと考えられる。

2. 道路の構造について

　調査の結果、構造については、アスファルト舗装とセメントコンクリート舗装に大別される。

(1) アスファルト舗装の一般的な構造設計
(国土交通省令及び、道路構造令等から)

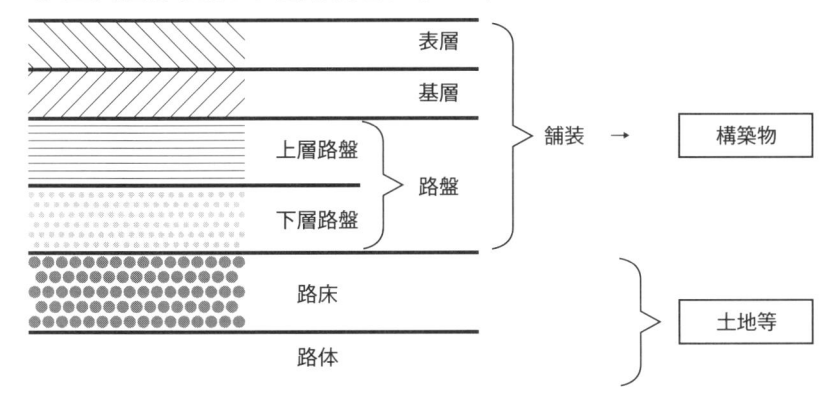

```
表層    ┐
基層    │
上層路盤 ├ 路盤 ┐
下層路盤 ┘     ├ 舗装 → 構築物
路床                    ┐
路体                    ┴ 土地等
```

他に、次の工法・材料にも設計は依存する。

使用する位置	工法・材料
表層基層	表層・基層用加熱アスファルト混合物
上層路盤	瀝青安定処理
	セメント・瀝青安定処理
	セメント安定処理
	石灰安定処理
	粒度調整砕石・粒度調整鉄鋼スラグ
	水硬性流動調整鉄鋼スラグ
下層路盤	クラッシャーラン、鉄鋼スラグ、砂など
	セメント安定処理
	石灰安定処理

(2) セメントコンクリート舗装の一般的な構造設計
　　（国土交通省令及び、道路構造令から）

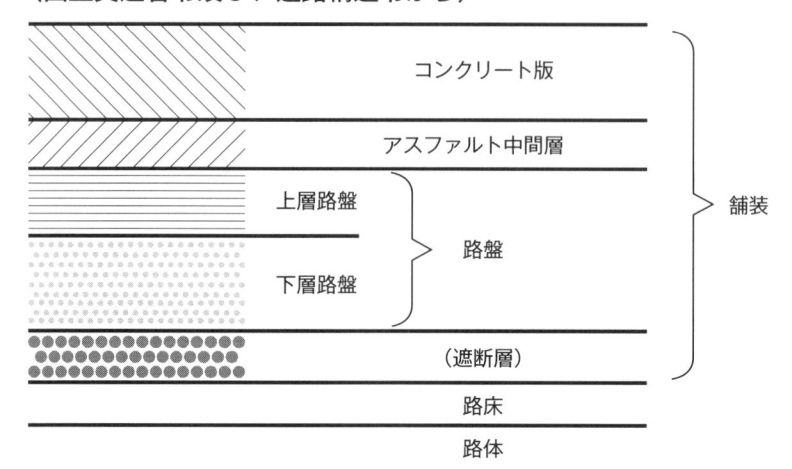

層	区分
コンクリート版	舗装
アスファルト中間層	
上層路盤 / 下層路盤（路盤）	
（遮断層）	
路床	
路体	

3.評価額の算定（価格の設定）に関する調査結果

　複数の地方自治体への調査を行い、面談等を通じて資料収集を行った。

(1) 収集した資料は、7.資料の通り（30～40頁）。
　① 自治体が持つ、設計見積ソフトウェアから出力された実施設計見積の鑑
　② 自治体が持つ、設計見積ソフトウェアから出力された実施設計見積の事業費総括表
　③ 自治体が持つ、設計見積ソフトウェアから出力された実施設計見積の請負工事費総括表
　④ 自治体が持つ、設計見積ソフトウェアから出力された実施設計見積の本工事費内訳表
　⑤ 自治体の設計見積のための、横断面の構成要素とその組み合わせ
　⑥ 自治体が持つ、見積のための道路幅ごとの横断図

(2) これらの資料を見ると、実施設計見積の様式は全く同じであり、また、工事内容（項目）もほとんど同一と判断される。構造についても、同じとみてよいと思われる。
　　道路構造令の査読からも、ほぼ全国同一の積算見積もりがとられているものと思われる。ただし、実際は落札率の相違から受注実額が異なってきているようである。
　　また、下記サンプル地域のとおり寒冷地のデータがないため、寒冷地特有の対策からくるコスト増加分については別途考える必要があろう。

(3) 例として18頁の調査票をもとに、自治体からの情報収集を進めた。自治体からは(2)の資料も徴求し、今回の検討に資することとした。対

象とした自治体の地域、人口規模は下記の通りである。

　①中部地区　A市　　約50,000人
　②九州地区　B市　　約40,000人
　③九州地区　C市　　約40,000人
　④四国地区　D市　　約30,000人
　⑤九州地区　E市　　約10,000人
　⑥関東地区　F市　　約400,000人

(4) 調査の結果、単価としては、下記のような結果となった。※Wは幅員（各自治体における実際価額を算出するうえでの目安であることに留意）

　① 1.5m≦W<2.5m　（側溝、歩道ともになし）
　　　　　　　　10,000円/m程度【7.資料(1)-③のA欄(31頁)】
　② 2.5m≦W<4.5m　（側溝、歩道ともになし）
　　　　　　　　40,000～50,000円/m【7.資料(1)-③のB欄(31頁)】
　③ 4.5m≦W<6.5m　（片側側溝、片側歩道）
　　　　　　　　180,000～220,000円/m【7.資料(1)-③のC欄(31頁)】
　④ 6.5m≦W　　　　（両側側溝、両側歩道）
　　　　　　　　310,000～4,330,000円/m【7.資料(1)-③のD欄(31頁)】

〈注1〉上記は排水性が特に考慮されていない従来の舗装であるが、昨今ではゲリラ豪雨に対応するため、排水性を考慮したものへと移行が進んでいる。その際は上記の記載金額の約1.5倍程度まで価格が上昇する場合がある（状況によっては1.5倍以上）。

〈注2〉道路を構築する場合、併設される側溝および歩道の有無により最大9通りが考えられる（無・片側有・両側有にて3×3=9通り）。
　　　上記では一般的に多く採用されている場合を前提にして金額の算定を行っているため、側溝および歩道の有無の前提の相違により、単価は異なることに留意する必要がある。

〈注3〉ガードレールや街路灯は含まれているが、立体交差や山際道路にお

ける山の側面の擁壁は考慮外となっている。これらについては、費用がかさむため別途算定することが望ましい。

●公会計統一基準　固定資産台帳計上における金額算出について

1. 道路構造について

ア	表層	アスファルト	3cm
イ	基層		3cm～4cm
ウ	上層路盤	砕石	45cm
エ	下層路盤		
オ	路床	砂	1m
カ	路体		

上層路盤 — 表層
下層路盤 — 基層
路床
路体

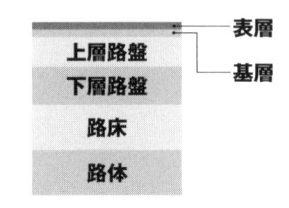

2. 上記、ア～カの工事周期について

　　予算科目(節)について

3. 上記、ア～カの各支出額特定および根拠資料となる積算資料、見積書について

【新設】

幅員	1.5m以上 2.5m未満	2.5m以上 4.5m未満	4.5m以上 6.5m未満	6.5m以上
標準設計	2m	3m	5.5m	9m
ア　表層				
イ　基層				
ウ　上層路盤				
エ　下層路盤				
オ　路床				
カ　路体				

【改修】

幅員	1.5m以上 2.5m未満	2.5m以上 4.5m未満	4.5m以上 6.5m未満	6.5m以上
標準設計	2m	3m	5.5m	9m
ア　表層				
イ　基層				
ウ　上層路盤				
エ　下層路盤				
オ　路床				
カ　路体				

※前提条件
・樹木、自転車道は含まない2車線道路として、側溝は設置の場合と無い場合で分けて表示
・上記金額は、工事予算額と工事実績額を同一工事により表示

4. 会計上の諸問題に関する検討

(1) 構造からみた償却資産と非償却資産の区別について

　従来の公会計上の評価においては、舗装、路床、路体に関して特に内訳を区別することはせず全体を償却資産として48年にて償却してきた。

　会計的な観点から構造につき検討すると、舗装は構築物となるが、路床・路体は土盛されたものを固めた構造となっているため、土地の造成ないしは整地費用と捉えられ、土地勘定に該当することが考えられる。つまり、舗装については償却資産としての構築物、路床・路体については非償却資産としての土地等という分類が考えられる。

　一方、税務上は"専ら建物、構築物等の建設のために行う地質調査、地盤強化、地盛り、特殊な切土等土地の改良のためのものでない工事に要した費用の額は、当該建物、構築物等の取得価額に算入する(法人税基本通達7-3-4)"との規定もあり、本来、土地等として非償却資産となるものを償却対象と見做すことが部分的に認められている。これは、内容を精査して金額的に区別することが実務的には難しい点を考慮したものと思われる。

　償却対象の拡大は、貸借対照表上の資産評価額および行政コスト計算書上の減価償却費に影響するため慎重に検討しなければならない。大量で画一的な処理の要請が特徴となる公会計においては、上記のとおり区別不能な非償却資産も含めて償却することも実務的には認められる余地があるものと考えられる。しかしながら、後述する耐用年数の設定によっては、減価償却費が大きくなることに伴うフルコストの肥大化なども想定され、影響も大きいため、耐用年数の設定と併せて検討する必要があることに留意すべきである。

(2) 取得価額の捉え方

　公会計と民間会計では大きな相違点がある。即ち、公会計においては、

財務書類の作成や固定資産台帳を整備するために、ある一定時点における開始時残高を作成しなければならない。民間会計では、事業の開始時点からの資料が通常は整備されているため、これらに基づいて資産を評価すれば特に問題とならない。

　一方、公会計においては、従来、貸借対照表が作成されていなかった経緯があるため、資産評価を伴った台帳は整備されてこなかった。また、地方自治体が成立した時点において、土地等の資産が既に少なからず存在しており、これらは元々支出を伴って取得したものではなく、故に評価に関係する資料も存在しない。従って、特定時点における開始時残高を算定する必要がある。留意すべきは、自治体設立当初から存在していた資産と購入に伴い取得してはいるがデータがない資産が多数存在することであり、当該状況を鑑みて従来の公会計においては再調達価額による評価が採用されていた（他の理由としては資産の長期保有からくる価格の有用性および売却を想定した場合の有用性がある）。しかし、今回の統一基準では、公債発行に伴った資産取得の事情を重視して昭和60年以降に取得した資産については原則、取得価額により評価するものとされ、昭和59年以前の取得資産並びに昭和60年以降の取得資産で取得価額が不明なものにつき従前どおりの再調達価額により評価されることになった。以上のことにより、特定時点での開始残高作成時（以下、"開始時"という）と開始時以降にわけて検討する必要があるため、以下記すことにする。

＜A.開始時＞
ア）概要
　　統一基準では、昭和60年以降に取得した資産については、取得価額を付すことになっている。取得価額が不明な場合は公正価値評価（再調達価額）によって評価されることになる。
イ）路線単位から見た取得価額の捉え方
　　路線ごとに道路を計上していく場合、一路線全体について同時に工事を行うことは稀であり、路線の中でいくつかに区分けして工事を順次行っていくことが通常である。この時、一路線内で部分的に行われ

る工事全てのデータが揃う場合に関しては各々の工事原価の合計金額をもって取得価額とすることで特に問題とはならない。

　　しかし、一部の工事原価が不明な場合も当然ありうる。この場合、①工事原価が不明な部分につき再調達価額にて評価し補完する②工事原価が不明な部分については0として、判明分の合計金額にて取得価額とする③一部の工事原価が不明であることから、全体を取得原価不明なものとして捉え、再調達価額にて全体を評価する方法……が挙げられる。かなりの路線数が存在する実務的観点を考慮すると②も許容されるものと思われる。なお③については、工事原価の判明率が低い場合はより有効となるが、判明率に関する調査の必要性も検討対象となる。

ウ）路床・路体部分の扱い

　　路床・路体部分については前述のように、会計的には非償却資産に該当することも考えられるが、現状、公会計上は償却資産として取り扱っている。よって、減価償却手続きにより費用化されていくことになるが、今回の統一基準において、耐用年数が従前の48年から10年または15年と大幅な短縮が行われていることも併せて考える必要がある。つまり、理論的には非償却資産が償却され、加えて耐用年数が短縮されたため1会計期間（1年度）に計上される費用が大きくなることを意味している。従って、費用への影響を考えるならば路床・路体部分につきそれ以外の部分とは区別して計上し、異なる耐用年数を採用することが望ましいと言える。ただし、路床・路体部分を区別して計上することはかなりの手間を要することになり、その点、最終的な実務的対応としては各自治体の判断に委ねられるものと思われる。

<B.開始時以降>

ア）概要

　　開始時以降においては、資産の評価は実際に支出した金額に基づき評価計上されていくこととなる。もっとも、付随費用がある場合はそれらも含まれる。また、再評価については、統一基準において原則と

して行わないものとされているが、これは理論的に禁止しているものではなく、再評価手続きが一定の負荷をかけるとの実務的な配慮に基づくもので、従前の公会計における資産評価手続きにおける公正価値評価（再調達価額）が残されていることを意味する（再評価の手続きは開始時の資産も対象となる）。

イ）路床・路体部分の取り扱い

路床・路体部分につき区別して計上していくことが望ましいことは上述の通りである。

あとは実務的な手間との関係にて各自治体の判断に基づき行われることになる。

(3) 耐用年数について

ア）具体的構造による耐用年数について

（アスファルト舗装）

国土交通省令及び、道路構造令の要求技術水準により、10年の構造設計が求められている。また、10年の使用に耐えうることが経験的に実証されている。

従って、物理特性としての機能保持期間は最低10年と判断される。このことから、今回の統一規準における耐用年数10年は、妥当性はあると思われる。

（コンクリート舗装）

国土交通省令及び、道路構造令の要求技術水準により、20年の構造設計が求められている。アスファルト舗装に比べると、高速道路、一部有料道路、最近建設された500m以上のトンネル、空港エプロン等、高規格道路に限られることから、アスファルトのような経験的な実証データには乏しいが、アメリカ等諸外国の例及び、各種学会のデータからみて、物理特性としての機能保持期間は20年と思われる。

一般に会計における耐用年数は、物理特性としての機能保持期間を下回るように設定されていることから、財務省令にある15年を採用し

たことは妥当性があると判断される。

【参考】

　高規格コンクリート舗装（高速道路、一部有料道路、最近建設された500ｍ以上のトンネル、空港エプロン等）

　高速道路費用の償還計画においては、施設の平均的耐用年数は概ね45〜50年程度とされている。ちなみに、平成17年度の国土交通白書における「社会資本の維持管理・更新費」の推計においては、道路改良、橋梁の耐用年数は60年としている。道路公団民営化の際に行われた資産評価方針及び会計基準では、盛土等の土工については耐用年数70年とされ、また、地方公会計制度における耐用年数においては、橋梁60年、トンネル75年とされている。これらは、必ずしも、物理的寿命を意味するものではなく、地形の状況や地質条件等により、同種の構造物でも物理的寿命が異なると考えられている。

　税法上は40年が採用されているが、今回の統一規準では上記の60年を採用しており、国土交通省との整合を図ったといえる。これらの構造物については、通常のコンクリート舗装に比べると、舗装部分にコンクリート舗装をはるかに上回るタイバー等を施工しているため、遥かに耐用年数が長いことは想像できる。

　しかし、諸外国を含め、物理特性としての機能保持期間は、アスファルト、コンクリートに比し、経験値が乏しいのが実情である。

　文部科学省、国土交通省は、スーパーコンピューターを使って、これらの耐用年数を2020年までに割り出すことを決定している。

イ）路床、路体に関する耐用年数について

　前述のように、路床、路体が理論的には会計上、非償却資産として捉えられる余地は十分にあるが、現行においては償却資産として取り扱われることになる。

　この場合、償却しない場合に比べ、償却額が過大となることは否めないが、耐用年数によっても年度ごとの償却額は大きく異なってくる。

従前の公会計のルールでは、耐用年数が48年となっていたため、年度ごとの償却額は結果的に低く抑えられていた。しかし、上記のように耐用年数が10年や15年となると従前よりも路床・路体に関わる償却額が相対的に3～5倍に膨れ上がることになる。今後、フルコスト把握を前提とした事業評価をより厳密に行っていくに際して減価償却費は注目されていくことになるが、その影響度は決して小さくない。よって、路床、路体の償却を行うにしても、その耐用年数は長めに設定する方が影響度が小さくなる。

　従って、路床・路体を舗装部分とは区別して把握し、別途、50年（開始時のみ適用可能とされる耐用年数）または60年（道路改良の耐用年数）の耐用年数により減価償却を行うことが望ましいと言える。

ウ）耐用年数による影響について

　公会計においては、いずれかのタイミングにて開始貸借対照表を作成することになるが、計上する資産の範囲は耐用年数によっても制約されることになる。即ち、耐用年数以前に取得した資産については、開始時においては償却済みとなるため事実上、計上からは除外されることも許容されている（本来は1円にて計上されるべきである）。

　一方、道路の減価償却は供用開始によってスタートする。また、道路台帳が昭和60年頃に全国一律に作成された経緯があるため、それ以前に取得した道路については供用開始時期がはっきりしないという課題が内在している。これは、現在から30年強以前に遡る時期となるが、耐用年数につき従前の48年や統一基準にて採用可とした50年を使用した場合、道路台帳作成以前に取得した道路の簿価が存在することになり、この場合は供用開始時期の特定がクローズアップされることになる。しかし、上記の10年ないしは15年の耐用年数を採用する場合は、道路台帳作成後の時期に取得した道路となるため、台帳作成前に取得した道路の供用開始時期に関しては特に問題とはならない。

（4）供用開始時期について

　減価償却手続きは資産の供用開始に伴いスタートされる。開始時以降においては、供用開始時期を捉えることは容易なことではあるが、開始時以前に取得した資産の供用開始時期を把握することは難しい場合がある。特に、道路については主に道路台帳に記載されたデータを準用するしかないが、上述の通り、道路台帳そのものが昭和60年頃に整備され始めた台帳であるが故、それ以前に取得した道路については供用開始時期が道路台帳整備（作成）時点の表記となっていることが多い。こうした道路台帳整備（作成）以前に既に取得していた道路の供用開始時期の特定が実務的には大きな課題となっている。当該供用開始時点の計上時期によっては、貸借対照表上の道路の計上額、そして行政コスト計算書における減価償却費が過大または過小計上となり適正な処理を損なう原因となる。特に、道路の資産額は他の資産に比べても大きなものであるため、重要性の観点からも無視できるものではない。

　考え方としては①道路台帳整備（作成）時点を供用開始時期と看做す②都市計画法施行年（昭和44年）を供用開始時期と看做す③道路統計年報・道路現況の推移（国土交通省）のデータを加重平均して算定する方法が挙げられる。理論的には③が最も合理的なものと考えられる。

（5）除却処理について

　道路の改修等をする際、その改修対象が舗装部分のみか、または路床・路体部分までを含んでのものかにつき分けて考える必要がある。実際に行われている工事は舗装部分の取り替えのみを行い路床・路体部分まで手を付けないことが多いようではあるが、一定期間経ったものや地中の水道管の取替工事に付随する場合、最近では排水性の高い構造の道路へ変換する場合などは路床・路体部分にまで含まれた工事が行われている。

ア）開始時に路床・路体部分を区別して計上している場合

　　舗装部分のみの改修工事か路床・路体にまで及んだ工事かに応じて該当する部分の除却を行うことになる。

イ）開始時に路床・路体部分を区別して計上していない場合

　　開始時に舗装・路床・路体がまとめて道路として計上されている場合、後日、道路の改修等によって舗装部分のみが取り除かれた工事においては、会計上、台帳から除外（除却）手続きを行うことは難しくなる。そして、今後、除却と同時に資産を取得するに際して資産計上の手続きを行うと、結果的に資産のダブル計上の可能性が出てくる。この場合、50年（従前は48年）の耐用年数の期間に跨って除却に代わり減価償却という形にて費用化されていくことになる。

5.旧基準モデルの実績の取り扱い

(1) 総務省の平成27年1月23日発表の手引きにおける、関連段落を再掲する。

> 63. 事業用資産とインフラ資産の開始時簿価については、取得原価が判明しているものは、原則として取得原価とし、取得原価が不明なものは、原則として再調達原価とします（償却資産は、当該価額から減価償却累計額を控除した価額を計上。以下同様）。ただし、道路、河川及び水路の敷地のうち、取得原価が不明なものについては、原則として備忘価額1円とします。また、開始後については、原則として取得原価とし、再評価は行わないこととします。なお、取得原価については、事実関係をよく調査する必要があり、安易に取得原価が不明だと判断することのないよう留意する必要があります。具体的には、地方債発行に関連する資料など、残存する証拠書類を確認することが考えられますが、それでも取得原価が判明しない資産については、取得原価の把握のために、地方財政状況調査（決算統計）の数値を用いることも考えられます。
>
> 64. また、取得原価の判明状況は各地方公共団体において異なることや地方債の償還年限が取得原価の判断状況に影響すること等を踏まえ、実施可能性や比較可能性を確保する観点から、特定の時期（昭和59年度以前）に取得したものは、63段落の取扱いにかかわらず、原則として取得原価不明なものとして取扱うこととします。なお、後述の109段落のとおり、既に固定資産台帳を整備済または整備中の地方公共団体においては、資産評価に係る二重負担を回避する観点等から、一定の経過措置を設けています。
>
> 109. 既に固定資産台帳が整備済または整備中であって、基準モデル等に基づいて評価されている資産について、合理的かつ客観的な基

準によって評価されたものであれば、引き続き、当該評価額によることを許容することとします。ただし、その場合でも、道路、河川及び水路の敷地については、63段落による評価額を注記することとします。

(2) 上記の通り従来の評価が許容されているが、比較可能性を高めるために上記(1)の手引きに則して評価をし直すことも検討する必要がある。この場合は、その差額が出た場合には純資産を直接変動することとして純資産変動計算書の「資産評価差額」に標記し、行政コスト計算書には記載しない。また併せて、評価方法変更の旨とその内容を注記することとする。

6.〈参考〉地方自治体における処理について

(1) 勘定科目
　道路について、主な予算科目としては下記科目が想定される。
　　① 11節　需用費の中の修繕料
　　② 13節　委託料
　　③ 15節　工事請負費

(2) 所管部門
　道路を管理する部門としては、下記の部門が想定される。
　　①道路課
　　②建設課
　　③土木課
　　④建設維持課
　　⑤道路維持課
　　⑥維持補修課
　　⑦営繕課
　　（地方自治体によって部門名称は様々となっている）

<注>
地方公共団体の規模によっては、新設、改良、補修で部門を分ける例をみられるが、大半の団体は同一の部門で管轄している。

7.資料

(1)建設費

①見積書鑑

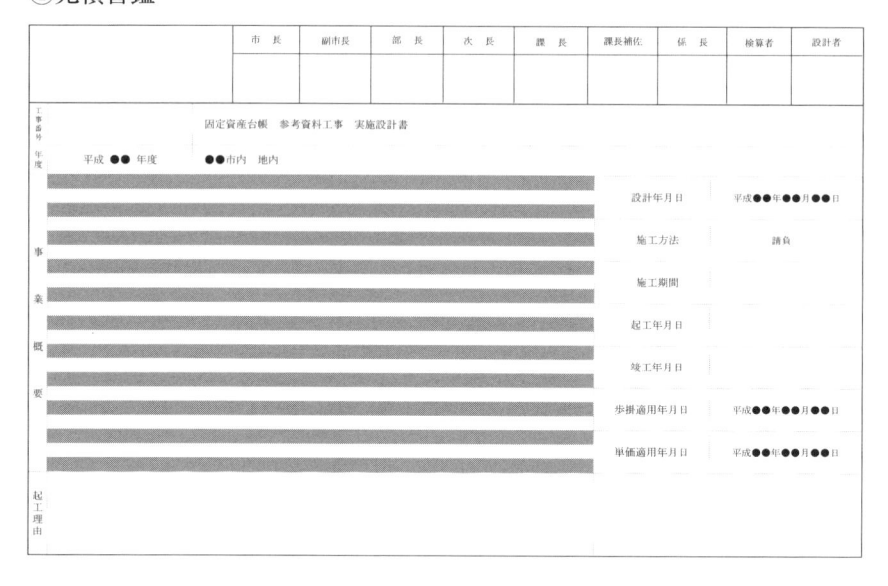

②事業費総括表

項　　目	金　　額	摘　　要
事　業　費		
工　事　費	●．●●●．●●●	
本　工　事　費	●．●●●．●●●	
附　帯　工　事　費		
測　量　設　計　費		
用地費及び補償費		
機　械　器　具　費		
営　　繕　　費		
工　事　雑　費		
応　急　工　事　費		
事　務　費		

③請負工事費総括表

	項　目	金　額		項　目	金　額
	工　事　価　格	X_1		工　事　価　格	X_3
$1.5 \leq W < 2.5$	消費税相当額 8%	$Y_1 = X_1 \times 0.08$	$4.5 \leq W < 6.5$	消費税相当額 8%	$Y_3 = X_3 \times 0.08$
	請負工事費 (10m当)	$Z_1 = X_1 + Y_1$		請負工事費 (10m当)	$Z_3 = X_3 + Y_3$
	請負工事費 (1m当)	A		請負工事費 (1m当)	C
	工　事　価　格	X_2		工　事　価　格	X_4
$2.5 \leq W < 4.5$	消費税相当額 8%	$Y_2 = X_2 \times 0.08$	$W \geq 6.5$	消費税相当額 8%	$Y_4 = X_4 \times 0.08$
	請負工事費 (10m当)	$Z_2 = X_2 + Y_2$		請負工事費 (10m当)	$Z_4 = X_4 + Y_4$
	請負工事費 (1m当)	B		請負工事費 (1m当)	D

④本工事費内訳表

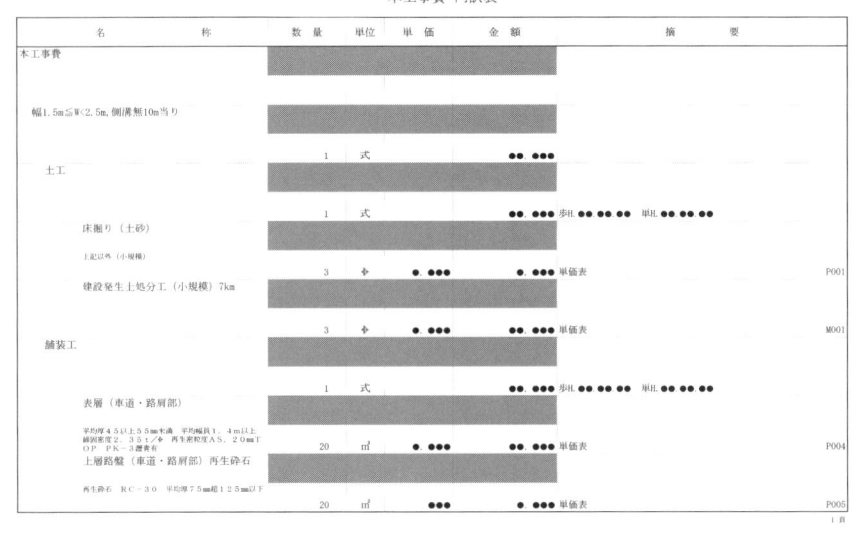

本工事費 内訳表

名　称	数量	単位	単価	金額	摘要	
本工事費						
幅1.5m≦W<2.5m,側溝無10m当り						
土工	1	式		●●,●●●		
床掘り（土砂）	1	式		●●,●●●	歩掛●●●● 単価●●●●	
上記以外（小規模）						
建設発生土処分工（小規模）7km	3	※	●,●●●	●,●●●	単価表	P001
舗装工	3	※	●,●●●	●,●●●	単価表	M001
表層（車道・路肩部）	1	式		●●,●●●	歩掛●●●● 単価●●●●	
平均厚4.5以上5.5cm未満　平均幅員1.4m以上 締固密度2.35t/㎥　再生密粒度AS.20mmT OP PK-3週養生						
上層路盤（車道・路肩部）再生砕石	20	㎡	●●●	●,●●●	単価表	P004
再生砕石　RC-30　平均厚75mm超125mm以下						
	20	㎡	●●●	●,●●●	単価表	P005

1頁

本工事費 内訳表

名　称	数量	単位	単価	金額	摘要
直接工事費計					
共通仮設費（率計算分）	1	式		●●,●●●	地方一般交通影響なし（+0%）
共通仮設費計	1	式		●,●●●	
純工事費計	1	式		●,●●●	
現場管理費	1	式		●●,●●●	地方一般交通影響なし（+0%） 冬期補正及び緊急工事補正なし
工事原価計	1	式		●●,●●●	
一般管理費等	1	式		●●,●●●	受注者が金銭的保証を必要とする場合（+0.04%）
合計	1	式		●●,●●●	
	1	式		●●,●●●	

2頁

32

本工事費 内訳表

名　　　　称	数　量	単位	単　価	金　額	摘　　要
					(千円止め)
	1	式		●●,●●●	

本工事費（2） 内訳表

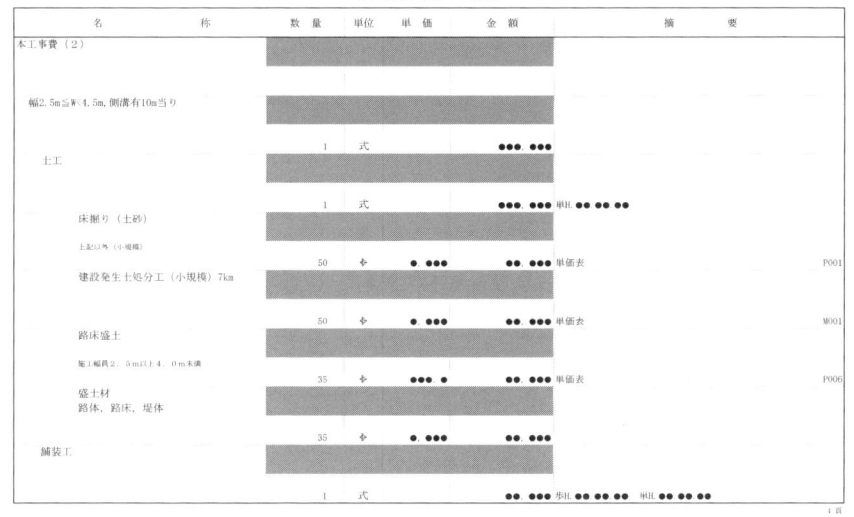

名　　　　称	数　量	単位	単　価	金　額	摘　　要
本工事費（2）					
幅2.5m≦W＜4.5m,側溝有10m当り					
土工	1	式		●●●,●●●	
床掘り（土砂）	1	式		●●●,●●● 単比 ●●●●●	
上記以外（小規模）					
建設発生土処分工（小規模）7km	50	㎥	●.●●●	●●.●●● 単価表	P001
路床盛土	50	㎥	●.●●●	●●.●●● 単価表	M001
施工幅員2.5m以上4.0m未満					
盛土材 路体，路床，堤体	35	㎥	●●●	●●●.●●● 単価表	P006
舗装工	35	㎥	●.●●●		
	1	式		●●.●●● 歩比 ●●.●●.●● 単比 ●●.●●●	

[第1章]　固定資産台帳整備―道路の評価についての考察　33

本工事費（2） 内訳表

名　　　称	数量	単位	単価	金額	摘　　要	
表層（車道・路肩部）						
平均厚45口と35㎜未満 平均幅員1．4m以上 締固密度2．35t/㎡ 再生密粒度AS．20mT OP PK-3遮音有	35	㎡	●．●●●	●●．●●● 単価表		P004
上層路盤（車道・路肩部）再生砕石						
再生砕石 RC-30 平均厚75㎜幅125㎜以下	35	㎡	●●●．●	●●．●●● 単価表		P005
区画線工						
区画線設置（溶融式）［市場単価］	1	式		●●．●●● 歩日●●●●● 単日●●●●●		
実線（施工幅15㎝） 施工規模50m未満 時間的制約を受けない 夜間作業なし 塗布厚1．5㎜ 排水性舗装 供用区間 線色：白色	20	m	●●●	●●．●●● 単価表		T001
構造物工						
側溝工 PU3-300*300 無騒音型	1	式		●●●．●●● 歩日●●●●● 単日●●●●●		
	20	m	●●．●	●●．●●● 単価表		M002
直接工事費計						
	1	式		●●．●●●		
共通仮設費（率計算分）					地方一般交通影響なし（+0%）	
	1	式		●●．●●●		

本工事費（2） 内訳表

名　　　称	数量	単位	単価	金額	摘　　要
共通仮設費計					
	1	式		●●．●●●	
純工事費計					
	1	式		●●●．●●●	地方一般交通影響なし（+0%） 各種補正及び緊急工事補正なし
現場管理費					
	1	式		●●●．●●●	
工事原価計					
	1	式		●●●．●●●	発注者が金銭の保証を必要とする場合（+0.04%）
一般管理費等					
	1	式		●●●．●●●	
合計					
	1	式		●●●．●●●	
	1	式		●●●．●●●	（千円止め）

34

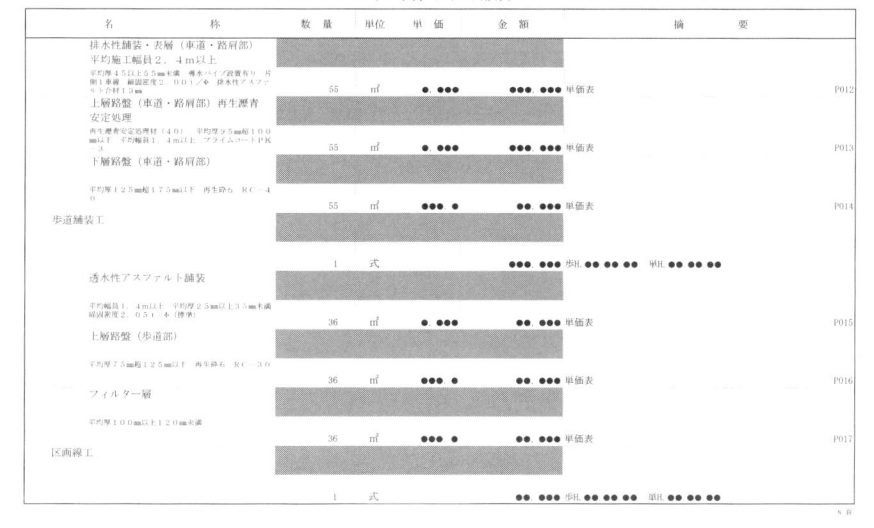

本工事費（3） 内訳表

名　　　　称	数量	単位	単価	金額	摘　　要	
本工事費（3）						
幅4.5m≦W<6.5m,側溝歩道有10m当り						
土工	1	式		●,●●●,●●●		
床掘り（土砂）	1	式		単価●,●●●		
標準 土留：無し、岩石無し。						
建設発生土処分工 7km	120	㎥	●●●	●,●●●	単価表	P009
路床盛土	120	㎥	●●●	●,●●●	単価表	M003
10,000㎡未満 障害無し、施工幅員4.0m以上						
盛土材 路体、路床、堤体	70	㎥	●●●	●,●●●	単価表	P011
車道舗装工	70	㎥	●,●●●			
	1	式	●●●,●●●	歩掛●,●●●,●●● 単価●●,●●●		

本工事費（3） 内訳表

名　　　　称	数量	単位	単価	金額	摘　　要	
排水性舗装・表層（車道・路肩部）						
平均施工幅員2.4m以上						
平均厚4.5以上5.5mm未満 撒水ハイジ設備有り 片側1車線 締固密度2.00t/㎥ 排水性アスファルト合材1.9m	55	㎡	●,●●●	●,●●●	単価表	P012
上層路盤（車道・路肩部）再生瀝青安定処理						
再生瀝青安定処理材（40）、平均厚95以上100mm以下 平均幅員1.4m以上 プライムコートPK-3	55	㎡	●,●●●	●,●●●	単価表	P013
下層路盤（車道・路肩部）						
平均厚125㎜175mm以下 再生砕石 RC-40	55	㎡	●●●	●,●●●	単価表	P014
歩道舗装工	1	式	●●●,●●●	歩掛●,●●●,●●● 単価●●,●●●		
透水性アスファルト舗装						
平均幅員1.4m以下 平均厚25mm以上35mm未満 居間密度2.05t/㎥（標準）	36	㎡	●,●●●	●,●●●	単価表	P015
上層路盤（歩道部）						
平均厚75㎜125mm以下 再生砕石 RC-30	36	㎡	●●●	●,●●●	単価表	P016
フィルター層						
平均100mm以上120mm以下	36	㎡	●●●	●,●●●	単価表	P017
区画線工	1	式	●●,●●●	歩掛●●,●●● 単価●●,●●●		

[第1章]　固定資産台帳整備─道路の評価についての考察　35

本工事費（3） 内訳表

名　　　　　称	数　量	単位	単　価	金　額	摘　　要	
区画線設置（溶融式）[市場単価] 実績（施工幅15cm） 施工現場50m未満 時間的制約を受けない 夜間作業なし 塗布厚1.5mm 排水性舗装 供用区間 線色：白色 構造物工	30	m	●●●	●●,●●●	単価表	T001
側溝工　PU2-300*500	1	式		●,●●●,●●●	歩掛 ●● ●● ●● 単価 ●● ●● ●●	
街築工　歩車道境界ブロック	20	m	●●,●●●	●●●,●●●	単価表	M004
街渠桝工	18.2	m	●,●●●	●●●,●●●	単価表	M005
ガードパイプ設置工 [市場単価] 土中埋込 塗装品 Gp-Cp-2E 施工現場50m未満 時間的制約を受けない 夜間作業なし 直線部 長さ 標準品 ビーム 標準 直接工事費計	2	箇所	●●●,●●●	●●●,●●●	単価表	M006
	20	m	●●,●●●	●●●,●●●	単価表	T008
共通仮設費（率計算分）	1	式		●●●,●●●	地方一般交通影響なし（+0%）	
	1	式		●●●,●●●		

本工事費（3） 内訳表

名　　　　　称	数　量	単位	単　価	金　額	摘　　要
共通仮設費計					
純工事費計	1	式		●●●,●●●	
現場管理費	1	式		●,●●●,●●●	地方一般交通影響なし（+0%） 工期補正及び緊急工事補正なし
工事原価計	1	式		●●●,●●●	
一般管理費等	1	式		●●●,●●●	発注者が金額の保証を必要とする場合（+0.04%）
合計	1	式		●●●,●●●	
	1	式		●●●,●●●	（千円止め）
	1	式		●,●●●,●●●	

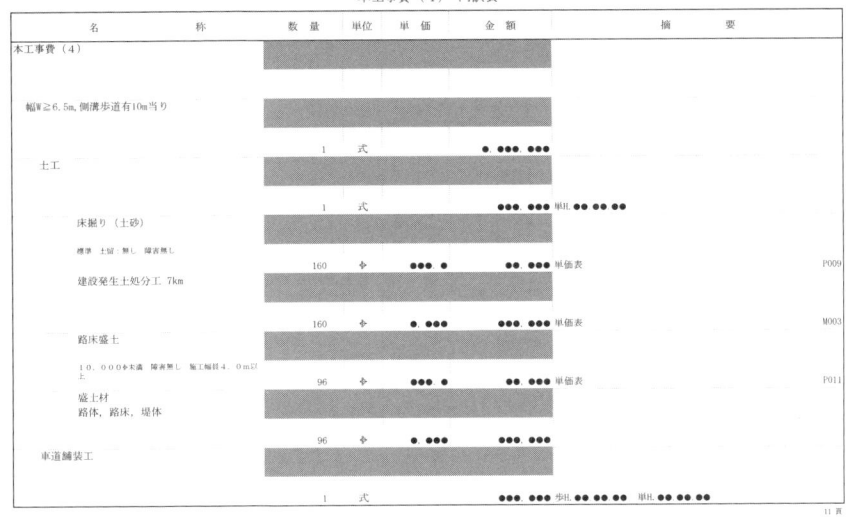

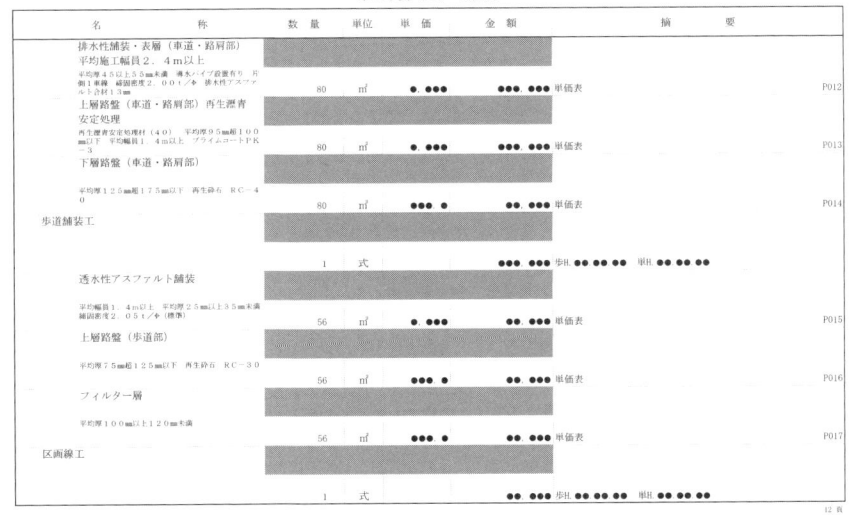

本工事費（4） 内訳表

名　称	数量	単位	単価	金額	摘要	
本工事費（4）						
幅W≧6.5m、側膚歩道有10m当り						
	1	式		●●●●●		
土工						
	1	式	●●●	●●●●●	単比	
床掘り（土砂）						
標準　土質　無し　障害無し						
	160	◆	●●●	●●●●●	単価表	P009
建設発生土処分工　7km						
	160	◆	●●●	●●●●●	単価表	M003
路床盛土						
10,000◆未満　障害無し　施工幅員4.0m以上						
	96	◆	●●●	●●●●●	単価表	P011
盛土材　路体、路床、堤体						
	96	◆	●●●	●●●		
車道舗装工						
	1	式	●●●●●●	歩比●●●●●●	単比●●●●●	

本工事費（4） 内訳表

名　称	数量	単位	単価	金額	摘要	
排水性舗装・表層（車道・路肩部）平均施工幅員2.4m以上						
平均厚45以上5mm未満　導水パイプ設置有り　片側1車線　締固密度2.00t/◆　排水性アスファルト合材13mm						
	80	㎡	●●●	●●●●●	単価表	P012
上層路盤（車道・路肩部）再生瀝青安定処理						
再生瀝青安定処理材（40）　平均厚95mm超100mm以下　平均幅1.4m以上　プライムコートPK-3						
	80	㎡	●●●	●●●●●	単価表	P013
下層路盤（車道・路肩部）						
平均厚125mm超175mm以下　再生砕石6　RC-40						
	80	㎡	●●●	●●●●●	単価表	P014
歩道舗装工						
	1	式	●●●●●	歩比●●●●●●	単比●●●●●	
透水性アスファルト舗装						
平均幅員1.4m以上　平均厚25mm以上35mm未満　締固密度2.05t/◆（標準）						
	56	㎡	●●●	●●●●●	単価表	P015
上層路盤（歩道部）						
平均厚75mm超125mm以下　再生砕石6　RC-30						
	56	㎡	●●●	●●●●●	単価表	P016
フィルター層						
平均厚100mm以上120mm未満						
	56	㎡	●●●	●●●●●	単価表	P017
区画線工						
	1	式	●●	歩比●●●●●●	単比●●●●●	

［第1章］　固定資産台帳整備─道路の評価についての考察　*37*

本工事費（4） 内訳表

名　　　称	数量	単位	単価	金額	摘　　要	
区画線設置（溶融式）［市場単価］ 実線（施工幅15cm）、施工規模50m未満、時間的制約を受けない、夜間作業なし、塗布厚1.5mm ращ 水性塗装 併用区間 線色 白色	40	m	●●●	●● ●●●	単価表	T001
構造物工						
側溝工 PU2-300*500	1	式	● ●●●	歩比●● ●● 単比●● ●●●		
街渠工 歩車道境界ブロック	20	m	●●.●●●	●●● ●●●	単価表	M004
街渠桝工	18.2	m	●.●●●	●●● ●●●	単価表	M005
ガードパイプ設置工［市場単価］	2	箇所	●●●	●●● ●●●	単価表	M006
土中建込 塗装品 Gp-Cp-2E 施工規模50m未満 時間的制約を受けない 夜間作業なし 直線部 長さ：標準品 台f：標準	20	m	●●●	●●● ●●●	単価表	T008
直接工事費計						
共通仮設費（率計算分）	1	式		● ●●● ●●●	地方一般交通影響なし（+0%）	
	1	式		●●● ●●●		

本工事費（4） 内訳表

名　　　称	数量	単位	単価	金額	摘　　要
共通仮設費計					
純工事費計	1	式		●●● ●●●	
現場管理費	1	式		● ●●● ●●●	地方一般交通影響なし（+0%） 冬期補正及び緊急工事補正なし
工事原価計	1	式		●●● ●●●	
一般管理費等	1	式		● ●●● ●●●	発注者が金額の変更を必要とする場合（+0.04%）
合計	1	式		●●● ●●●	
	1	式		● ●●● ●●●	（千円止め）
	1	式		● ●●● ●●●	

(2) 道路横断面の構成要素とその組み合せ

〈 横断面の構成要素とその組合せ 〉

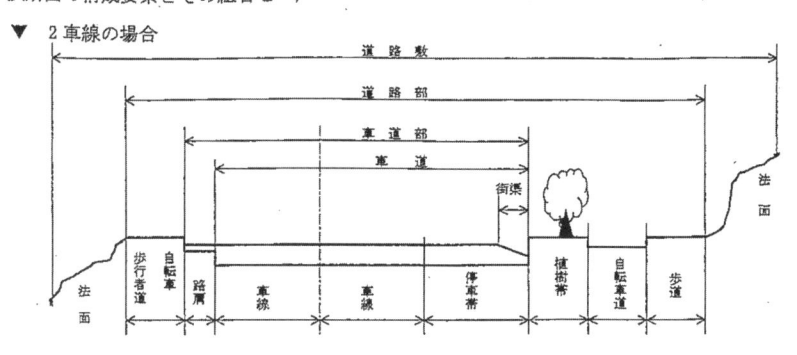

▼ 2車線の場合

▼ 4車線の場合

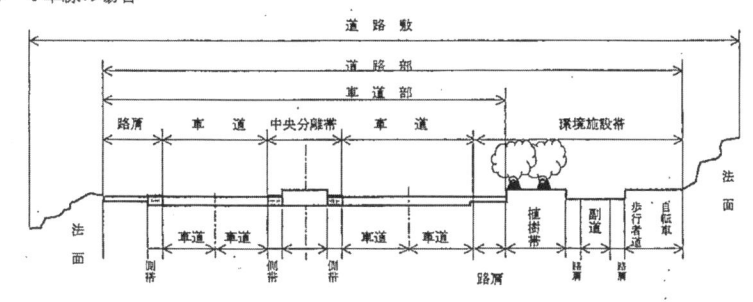

〈 路肩のとり方 〉

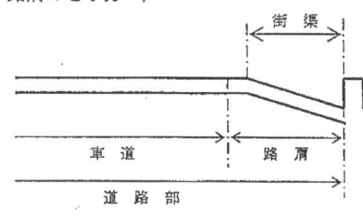

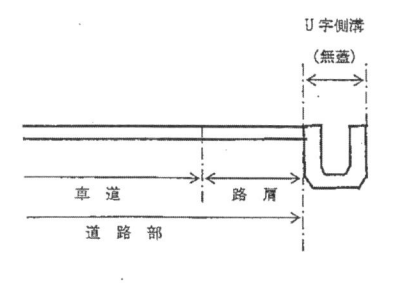

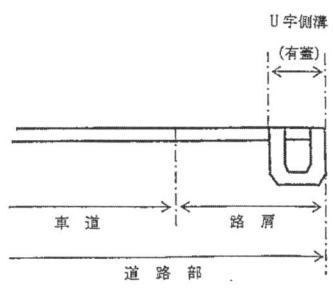

[第1章] 固定資産台帳整備―道路の評価についての考察

(3) 標準断面図

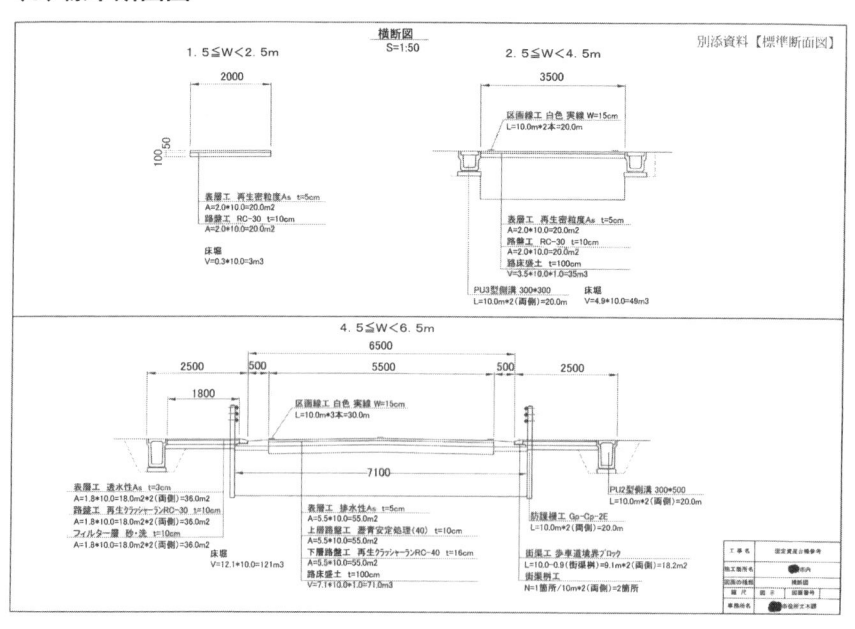

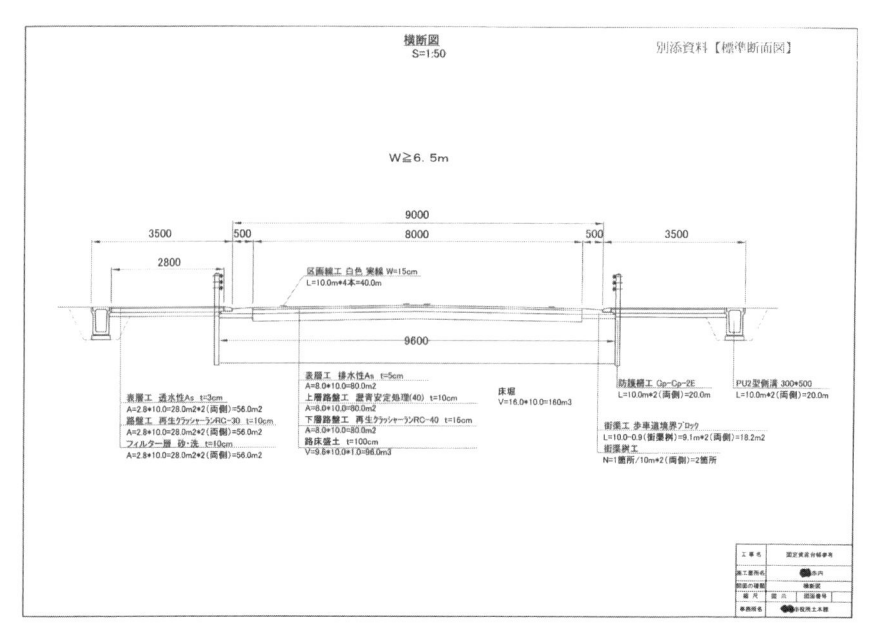

（4）固定資産整備案（道路）

開始時（2014/4/1）

１．道路の構造と耐用年数

道路構造は下記の通り。耐用年数は開始時に価格不明分の路線ごとに平均工事単価にて一括して50年若しくは60年で評価する。2年目以降は、工事内容により舗装及び路床部分にて耐用年数を分け評価する。

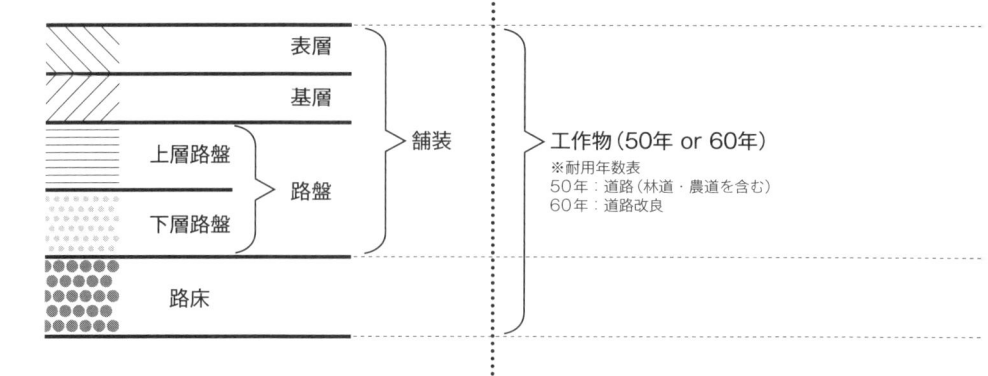

表層	舗装
基層	舗装
上層路盤	路盤
下層路盤	路盤
路床	—

工作物（50年 or 60年）

※耐用年数表
50年：道路（林道・農道を含む）
60年：道路改良

２．供用開始日と取得価格

開始時の供用開始日は、台帳記入日とする。
（注）台帳作成日にて計上する場合、取得日が集中する問題は残る。

道路（例）

路線名	取得日	取得価格 表層～路盤	取得価格 路床	取得価格 計	数量
A路線	1980/3/31	800,000	200,000	1,000,000	10m
B路線	2015/3/31	800,000	200,000	1,000,000	5m

●供用開始日＝台帳記入日にて計上
●台帳計上単位　（例）

路線名	取得日	取得価格	耐用年数	数量
A路線	1980/3/31	1,000,000	50年	10m

※路線別に計上、評価は平均工事単価
※耐用年数は50年で一括計上

３．道路の除却処理

舗装と路床部分を分けて計上している場合は、資産を特定できるため除却処理を行うが、特定が難しい場合は新規追加のみとする。

路線名	取得日	取得価格 表層～路盤	取得価格 路床	取得価格 計	数量
A路線 改修	2016/3/31	800,000		800,000	10m
B路線 改修	2016/3/31	400,000		2,000,000	2.5m

※A路線1980/3/31取得及びB路線2015/3/31取得工事の舗装改修があった場合

2年目以降（2015/4/1）

⎱ 工作物（10年 or 15年）

※耐用年数表
10年：舗装道路（アスファルト敷）
15年：舗装道路（コンクリート敷）

⎱ 工作物（50年 or 60年）

●供用開始日＝台帳記入日にて計上
●台帳計上単位　（例）

路線名	取得日	取得価格	耐用年数	数量
B路線（舗装）	2015/3/31	800,000	10年	5m
B路線（路床）	2015/3/31	200,000	50年	5m

※工事、路線別に計上、評価は実際工事価格
※耐用年数により舗装と路床部分に分ける

●固定資産台帳　（例）

路線名	取得日	取得価格	耐用年数	数量	
A路線	1980/3/31	1,000,000	50年	10m	
B路線（舗装）	**2015/3/31**	**400,000**	10年	**2.5m**	※除却後
B路線（路床）	2015/3/31	200,000	50年	5m	
A路線改修（舗装）	2016/3/31	800,000	10年	10m	※新規計上
B路線改修（舗装）	**2016/3/31**	**400,000**	10年	**2.5m**	※新規計上

※特定できる資産（上記の場合B路線舗装）のみ除却を行う

［第1章］　固定資産台帳整備―道路の評価についての考察　*43*

第2章

地方公会計統一基準の
資産負債内訳簿と
附属明細書の作成方法

秋田中央税理士法人・安心経営株式会社
　代表取締役　　　　　　　　　　　　杉山　隆
株式会社システムディ　公会計ソリューション事業部
　サポートセンター　　　　　　　　　山崎大地
　同上　　　　　　　　　　　　　　　丸山あゆみ

総務省より統一的な基準のマニュアルが示され、財務書類や固定資産台帳の整備、分析・活用といった内容を中心に記載されているが、『附属明細書』の作成・検証方法は多くを割かれている訳ではない。

しかしこの『附属明細書』の作成・検証作業は、1件1件の仕訳の積み重ねの結果として誘導的に作成をした財務書類の整合性・正統性を検証する非常に重要な作業であり、いわば財務書類の足元を固める作業である。この作業を通して財務書類の正統性を検証した後、初めて財務書類の分析や活用といった段階に進むことができる。

そこで本章では、この『附属明細書』の作成、検証作業が重要な作業であるとの認識に基づき、具体的な作成・検証方法を取り上げた。実務の現場でも役立てていただければ幸いである。

1．資産負債内訳簿

さて、『資産負債内訳簿』は、以下の4つの必要性があって、「棚卸法」で作成される。

1. 本表は、開始時及びそれ以降の毎決算時のいずれの場合にも使用する。
2. 開始時においては、各表の前年度末残高のみを記載する。
   これらの前年度末残高は、《別表5 合計残高試算表》の前年度末残高に転記される。
3. それ以降の毎決算時においては、総勘定元帳等から内訳を取得するほか、棚卸法により、残高を確認する。
4. 固定資産の残高及び増減額は、「資産評価及び固定資産台帳整備の手引き」の記載に従い記録・整理する。

そして、『資産負債内訳簿』の現場実務において、『財務書類作成要領』別表4の定めにより、次の7種類の明細表を作成しなければならない。

  4-1. 現金預金明細表
  4-2. 未収・未払・不納欠損残高整理表……参照：『未収・不

　　　　　納欠損残高整理表』
　　　4-3.　債権債務整理表
　　　4-4.　投資その他の資産明細表……参照：『金融資産明細表』
　　　4-5.　有形・無形固定資産等明細表
　　　4-6.　地方債明細表……参照：『公債・借入金明細表』
　　　4-7.　引当金明細表

　このように、『資産負債内訳簿』は、主として現行の地公体財務システム内の関連データを原簿として、棚卸法により、作成される。これは、一方で、附属明細書作成のための不足データを補完する目的もあるが、複式簿記・発生主義財務書類との検証機能担保に真の狙いがある。公会計の帳簿体系の中で、誘導的に作成される残高と個別ピックアップで作成される棚卸残高が照合され、両者が合致することによって正統性が検証される。(注：本稿最終頁に関連記事あり)

2.　附属明細書
　また、『附属明細書』は、全体の財務書類体系の一部であり、必ず作成しなければならない。

　財務書類作成要領の様式第5号『附属明細書』の構成は、以下となる。

1.貸借対照表の内容に関する明細
　　1(1)　資産項目の明細
　　　　　①有形固定資産の明細……A
　　　　　②有形固定資産の行政目的別明細……A
　　　　　③投資及び出資金の明細……B
　　　　　　1.市場価格のあるもの
　　　　　　2.市場価格のないもののうち連結対象団体(会計)に対

するもの
　　3.市場価格のないもののうち連結対象団体(会計)以外に対するもの
　④基金の明細……B
　⑤貸付金の明細……B
　⑥長期延滞債権の明細……B
　⑦未収金の明細……B

1(2)負債項目の明細
　①地方債(借入先別)の明細……A
　②地方債(利率別)の明細……A
　③地方債(返済期間別)の明細……A
　④特定の契約条項が付された地方債の概要……A
　⑤引当金の明細……B

2.行政コスト計算書の内容に関する明細
　2(1)補助金等の明細……C

3.純資産変動計算書の内容に関する明細
　3(1)補助金等の明細……B
　3(2)財源情報の明細……A

4.資金収支計算書の内容に関する明細
　4(1)資金の明細……C

附属明細書のうち、一般的に公会計システムから出力されるものはA、資産負債内訳簿からのデータ移行で作成されるものをB、個別作成が必要なものをCとした。

1. 資産負債内訳簿の作成方法

　内部統制の必要上、別表4-2、4-4、4-6の作成者は、財務書類の作成実務者と別人にすることが望ましい。
　資産負債内訳簿は、附属明細書、財務書類とも関連するので、取扱方法を明瞭に定める必要がある。

(1) 資産負債内訳簿　別表4-1.現金預金明細表

● 現金預金明細表

	前年度繰越額	本年度現金出納額 入金額	本年度現金出納額 出金額	本年度末現金預金残高
歳入	……	……	—	
歳出	—	—	……	……
歳計外	……	……	……	……
合計	……	……	……	……

1　資料は、現金預金総額の整合性チェック用である。
2　本数値は、実際の現金預金残高と合致していなければならない。
3　本数値は、歳入歳出決算集計結果と合致していなければならない。

（総務省「マニュアル」より）

【作成方法】
会計課等の原簿より直接記入する。

(2) 資産負債内訳簿　別表4-2.未収・未払・不納欠損残高整理表

1　以下の各表は、予算決算及び歳入歳出決算集計データと合致していなければならない。
2　本表は、本年度末の整理仕訳及び附属明細書作成に利用する。

①過年度未収金

予算科目	前年度 未収金 A	本年度 収納済額 B	未収残額 C=A−B	うち 不納欠損 決定額 D	本年度 末残高 E=C−D	摘要

②本年度未収金計上額

予算科目	本年度 調定 A	本年度 収納済額 B	未収残額 C=A−B	うち 不納欠損 決定額 D	本年度 末残高 E=C−D	摘要

③過年度未払金

予算科目	前年度 未払金 A	本年度 支払済額 B	未払残額 C=A−B	摘要

④本年度未払金計上額

予算科目	支出 決定額 A	本年度 支払済額 B	未払残額 C=A−B	摘要

（総務省「マニュアル」より）

【作成方法】
(1) 公会計においては、「貸付金」の取り扱いが特殊となる。現金主義の慣行により貸付金は期限到来時に返済の「調定」が行われ、その時点で「未収金」となるからである。

調定とは、地公体の内部的意思決定行為であり、その歳入の発生した権利内容を調査し、所属年度・歳入科目・納入金額・納入義務者・納入期限などを決定することをいう。調定後に、請求通知を行う（地方自治法231、地方自治法施行令154-2）。

そして、「未収金」は、回収できずに一定期間経過すれば、「長期延滞債権」となる。

短期貸付金は、まだ返済期限が来ていないが1年以内に期限が到来するもの。長期貸付金は、1年以後に期限が到来するものとなり、通常の意味の「貸付金」は、「貸付金」「未収金」「長期延滞債権」と分かれることとなる。

以上から、別表4-2の予算科目には貸付金関連が必要となる。

(2) 実際の作成方法は以下の通りとなる。

項目の設定

「予算科目」に記入する科目は、どのレベルの予算科目まで細分化するかは各自治体の判断による。決算書レベルの予算科目の程度まで細分化することが挙げられる。

①過年度未収金

「前年度未収金」

前年度までの未収金に関するデータは各原課にて正確に記録しているため、各原課に予算科目ごとに照会し、入力する。「前年度未収金」の合計金額は、当然、前年度の貸借対照表計上額と合致していることが前提となる。

「本年度収納済額」

金融機関から会計課に提出される「収入表」を元に、この「本年度収納済額」の項目に金額を記載する。「収入表」は、各予算科目ごと

に入金の合計金額が入力されている表である。この収入表の金額を、決算書の金額と照合する。

「未収残額」
　　上記「前年度未収金」－「本年度収納済額」により算出された数値。
「うち不納欠損決定額」
　　決算書の該当する科目の「不納欠損額」を記入する。
「本年度末残高」
　　上記「未収残額」－「うち不納欠損決定額」により算出された数値。

②本年度未収金計上額

「本年度調定額」
　　決算書の該当する科目の「調定額」を記入する。
　　それ以外の項目は、上記①と同様。

③過年度未払金

「前年度未払金」
　イ　過去の決算書に記載されている予算科目ごとの「還付未済額」の数値を記入する。

　　　　歳入歳出決算書の「還付未済額」は、未払金の残高を管理する必要性を考えていないことから、その年度決算書の記載のみで管理され続けている訳ではないため、過年度分の「未払金」算出は、過去の単年度ごとの決算書を用意し、確認をする。

　　　　還付未済金の時効は一般的に5年間であるから、過去5年間分の決算書から還付未済金の金額を収集し、「前年度未払金」の箇所に記入する。

　ロ　「債務負担行為」に基づく契約や損失補償等のための約定によって支払義務を負う債務、リース契約による債務等、個別に調査して確定する。この欄はその支払金のうち過年度発生分を記載する。

「本年度支払済額」
　　イ　　決算書の23節「償還金利子及び割引料」を参考に金額を記載する。

　　　　なお、当該項目には実際に支払った金額のみでなく、時効を迎えた還付未済金も還付未済金の消滅であることから、当該項目に金額を加える。

　　　　当該項目は原課に確認してもらう。

「未払残額」
　　上記「前年度未払金」-「本年度支払済額」により算出された数値。

④本年度未払金計上額
「支出決定額」
　　決算書の該当する科目の「現年課税分」を記入。
「本年度支払済額」
　　上記③と同様。
「未払残額」
　　上記③と同様。本年度分の「還付未済金」となる。

(3) 資産負債内訳簿　別表4-3.債権債務整理表

区分	勘定科目		過年度発生分			本年度発生分		合計本年度末残高
			前年度末残高	回収	徴収不能	本年度末残高	徴収不能	本年度末残高
債権	長期延滞債権							
	未収金							
	業務収入							
	税収等収入							
	国県等補助金投入							
	使用料及び手数料収入							
	その他の収入							
	投資活動収入							
	国県等補助金収入							
	貸付金元金回収収入							
	資産売却収入							
	その他の収入							
	その他の債権							
	合計							
債務	長期未払金							
	その他（固定負債）							
	未払金							
	未払費用							
	前受金							
	前受収益							
	預り金							
	その他（流動負債）							
	合計							

（総務省「マニュアル」より）

■別表4-3.債権債務整理表について

　債権債務整理表は、（別表4-2.未収・未払・不納欠損残高整理表にて）各個別の予算科目ごとに入力をした数値を、予算科目が該当する貸借対照表の勘定科目別に集計した表である。この表に数値を入力し、最終的に、こ

の表に基づいて決算整理仕訳を行うこととなる。

　債権債務整理表において入力する箇所は、長期延滞債権の「過年度発生分－本年度末残高」の箇所と、「合計本年度末残高」の縦列である。

　「長期延滞債権」とは、1年以上経過した未収金のことである。

　別表4-2（未収・未払・不納欠損残高整理表）では、「(1)過年度未収金」が、1年以上経過していることを前提としている未収金であることから、長期延滞債権となる。当該表の(1)のEの「本年度末残高」の金額を、別表4-3（債権債務整理表）の「長期延滞債権」の「過年度発生分」内「本年度末残高」の箇所に記入する。

　別表4-2の(1)のDの「うち不納欠損決定額」の金額を、別表4-3の「長期延滞債権」の「過年度発生分－徴収不能」の箇所に記入する。

　別表4-2の(2)のEの「本年度末残高」の金額を、別表4-3の「未収金」の「本年度発生分－本年度末残高」の箇所に記入する。

　「過年度発生分」の「前年度末残高」は前年度末時点の残高であり、未収・未払・不納欠損残高整理表に該当する箇所はなく、前年度貸借対照表の値となる。

　債権債務整理表の「過年度発生分－長期延滞債権－本年度末残高」と、「本年度発生分－未収金」「その他の債権－合計本年度末残高」に記載をした金額を使用して、決算整理仕訳を起こす。

（4）資産負債内訳簿　別表4-4.投資その他の資産明細表

■別表4-4.投資その他の資産明細表について

　別表4-4.投資その他の資産明細表は、76頁の『金融資産明細表』のフォーマットを参考とする。

　現金帳簿は、関係課の資料から個別にデータを収集して作成されることとなる。作成完了後、財務4表や総勘定元帳と、当該明細表の各勘定科目ごとの合計金額とを照合し、完全一致を確かめねばならない。

　「勘定科目」の項目には、貸借対照表の金融資産の勘定科目を記載する。この各勘定科目ごとに、詳細な内訳として予算科目ごとに計上する。

　もし貸借対照表の勘定科目の期末残高の数値と、投資その他の資産明細表（金融資産明細表）の個別の予算科目の勘定科目ごとの合計金額とが一致しない場合、予算科目ごとに金額が正しいかを悉皆的に調査しなければならない。

　この作業を経て貸借対照表の金融資産の勘定科目の金額と、投資その他の資産明細表（金融資産明細表）の勘定科目の金額とが一致した時、財務書類の正しさが検証されたこととなる。

(5) 資産負債内訳簿　別表4-5.有形・無形固定資産明細表

区分	勘定科目	前年度末残高	本年度増加					本年度減少					本年度末残高
			有償取得	無償取得	調査判明	評価益	振替増	合計	振替減	売却	除却	無償譲渡	減価償却	合計	
有形固定資産	事業用資産														
	土地													/	
	立木竹													/	
	建物														
	工作物														
	船舶														
	浮標等														
	航空機														
	その他														
	建設仮勘定														
	インフラ資産														
	土地													/	
	建物														
	工作物														
	その他														
	建設仮勘定													/	
	物品														
	小計														
無形固定資産	ソフトウェア														
	その他														
	小計														
棚卸資産														/	
合計															

■別表4-5.有形・無形固定資産等明細表について

　当該明細表は、固定資産台帳上の有形固定資産の各勘定科目ごとの合計金額と、財務書類における有形固定資産の各勘定科目の金額とが一致するかを確認・検証するための明細表である。固定資産の件数は膨大な量となる。しかし、システム上の工夫により、財務書類と固定資産台帳の金額とは完全に一致することを保証している場合は、この検証作業は不要である。

(6) 資産負債内訳簿　別表4-6.地方債明細表（略）

(7) 資産負債内訳簿　別表4-7.引当金明細表（略）

2.附属明細書の作成方法

(1) 貸借対照表の内容に関する明細
【附属明細書1　資産項目の明細】
①有形固定資産の明細

区分	前年度末残高 (A)	本年度増加額 (B)	本年度減少額 (C)	本年度末残高 (A)+(B)−(C) (D)	本年度末減価償却累計額 (E)	本年度償却額 (F)	差引本年度末残高 (D)−(E) (G)
事業用資産							
土地							
立木竹							
建物							
工作物							
船舶							
浮標等							
航空機							
その他							
建設仮勘定							
インフラ資産							
土地							
建物							
工作物							
その他							
建設仮勘定							
物品							
合計							

(総務省「マニュアル」より)

　資産負債内訳簿　別表4-5.有形・無形固定資産等明細表(当該表は固定資産台帳より作成する)に記載した内容を元に、「有形固定資産の明細」表を作成する。

　各勘定科目の「前年度末残高」を、「有形固定資産の明細」の(A)「前年度末残高」の箇所に転記する。「別表4-5.有形・無形固定資産等明細表」の「本年度増加」の合計を、(B)「本年度増加額」の箇所に転記。「別表4-5.有形・無

形固定資産等明細表」の「本年度減少」の合計を、(C)「本年度減少額」の箇所に転記。

(D)「本年度末残高」の項目は、上記までに記載をした(A)+(B)-(C)により算出。(E)「本年度末減価償却累計額」は、固定資産台帳から各勘定科目の減価償却累計額を合計する。(F)「本年度償却額」は、「別表4-5.有形・無形固定資産等明細表」の「減価償却」の額を転記する。(G)「差引本年度末残高」は、上記(D)-(E)により算出する。

これら一連の作業はシステム化されていることが想定されている。

区分	前年度末残高 (A)	本年度増加額 (B)	本年度減少額 (C)	本年度末残高 (A)+(B)-(C) (D)	本年度末減価償却累計額 (E)	本年度償却額 (F)	差引本年度末残高 (D)-(E) (G)
事業用資産							
土地	別表4・5有形・無形固定資産等明細表の「前年度末残高」を記載。	別表4・5有形・無形固定資産等明細表の「本年度増加」の合計額を記載。	別表4・5有形・無形固定資産等明細表の「本年度減少」の合計額を記載。	(A)+(B)-(C)により算出。	固定資産台帳より、各勘定科目の減価償却累計額を集計し、算出。	別表4・5有形・無形固定資産等明細表の「減価償却」の額を記載。	(D)-(E)により算出。
立木竹							
建物							
工作物							
船舶							
浮標等							
航空機							
その他							
建設仮勘定							
インフラ資産							
土地							
建物							
工作物							
その他							
建設仮勘定							
物品							
合計							

(総務省「マニュアル」より)

②有形固定資産の行政目的別明細

区分	生活インフラ・国土保全	教育	福祉	環境衛生	産業振興	消防	総務	合計
事業用資産								
土地								
立木竹								
建物								
工作物								
船舶								
浮標等								
航空機								
その他								
建設仮勘定								
インフラ資産								
土地								
建物								
工作物								
その他								
建設仮勘定								
物品								
合計								

（総務省「マニュアル」より）

　当該表の勘定科目ごとの「合計」額は、「有形固定資産の明細」の「差引本年度末残高」の額と一致する。

　行政目的別の区分は、各個別資産の「目的別資産区分」の項目に設定した区分に基づいて、各行政目的別に集計する。

　この作業はシステム化されていることが想定される。

③投資及び出資金の明細

1. 市場価格のあるもの

(単位：　　　)

銘柄名	株数・口数など	時価単価	貸借対照表計上額 (A)×(B)	取得単価	取得原価 (A)×(D)	評価差額 (C)−(E)	(参考)財産に関する調書記載額
	(A)	(B)	(C)	(D)	(E)	(F)	
合計							

2. 市場価格のないもののうち連結対象団体（会計）に対するもの

(単位：　　　)

相手先名	出資金額（貸借対照表計上額）	資産	負債	純資産額 (B)−(C)	資本金	出資割合(%) (A)/(E)	実質価額 (D)×(F)	投資損失引当金計上額	(参考)財産に関する調書記載額
	(A)	(B)	(C)	(D)	(E)	(F)	(G)	(H)	
合計									

3. 市場価格のないもののうち連結対象団体（会計）以外に対するもの

(単位：　　　)

相手先名	出資金額	資産	負債	純資産額 (B)−(C)	資本金	出資割合(%) (A)/(E)	実質価額 (D)×(F)	強制評価減	貸借対照表計上額 (A)−(H)	(参考)財産に関する調書記載額
	(A)	(B)	(C)	(D)	(E)	(F)	(G)	(H)	(I)	
合計										

（総務省「マニュアル」より）

■市場価格のあるもの

・銘柄

　上場株式の銘柄を記載する。

（A）株数・口数など

　担当課が正確な情報を管理しているため、担当課に確認する。

（B）時価単価

　当該年度の年度末（3月31日時点）における時価を記載する。

(C) 貸借対照表計上額
　(A)×(B)にて算出する。
(D) 取得単価
　取得時の単価を記載する。担当課が正確な情報を管理しているため、その情報を担当課に確認する。
(E) 取得原価
　(A)×(D)により算出する。
(F) 評価差額
　(C)－(E)により算出する。
(参考)財産に関する調書記載額
　上記(C)に記載する金額は出納整理期間を含む金額であるが、財産に関する調書の金額は基準日が3月末日時点であり、必ずしも(C)の金額と一致する訳ではないこともあり、参考までに財産に関する調書記載額も記入する。

■市場価格のないもののうち連結対象団体(会計)に対するもの
　市場価格のない(非上場株式など)については、原課に対象団体の関連資料(決算書や財務書類など)を照会し、記入する。

・相手先名
　連結対象団体の名称を記載する。
(A) 出資金額
　担当課が正確な情報を管理しているため、担当課に確認する。
(B) 資産
　該当の連結対象団体の、貸借対照表「資産の部」に記載されている合計金額を記入する。
(C) 負債
　該当の連結対象団体の、貸借対照表「負債の部」に記載されている合計金額を記入する。
(D) 純資産額
　(B)－(C)により算出する。

(E) 資本金

　該当の連結対象団体の、貸借対照表「純資産の部」の内訳として記載されている資本金の額を記入する。

(F) 出資割合

　(A) / (E) により算出する。

(G) 実質価額

　(D) × (F) により算出する。

(H) 投資損失引当金計上額

　連結対象団体への投資及び出資金の実質価額が著しく低下した場合(30%以上低下した場合※)、取得価額と実質価額との差額を当該項目に記載する。

(※総務省『統一的な基準による地方公会計マニュアル』(H27.1.23)「資産評価及び固定資産台帳整備の手引き」98段落)

(参考) 財産に関する調書記載額

上記(A)～(H)に記載する金額は出納整理期間を含む金額であるが、財産に関する調書の金額は基準日が3月末日時点であり、必ずしも(A)～(H)の金額と一致する訳ではないこともあり、参考までに財産に関する調書記載額も記入する。

■市場価格のないもののうち連結対象団体(会計)以外に対するもの

(上記「市場価格のないもののうち連結対象団体(会計)に対するもの」と異なるもののみ記載)

(H) 強制評価減

　連結対象ではない団体への投資及び出資金の実質価額が著しく低下した場合(30%以上低下した場合※)、取得価額と実質価額との差額を当該項目に記載する。

(※総務省『統一的な基準による地方公会計マニュアル』(H27.1.23)「資産評価及び固定資産台帳整備の手引き」97段落)

　資産負債内訳簿の「別表4-2.未収・未払・不納欠損残高整理表」より作成する。

「長期延滞債権の明細_貸借対照表計上額」の欄には、「未収・未払・不納欠損残高整理表」の「本年度末残高」の金額を用いる。
　徴収不能引当金については⑤と同様とする。

【附属明細書1　負債項目の明細】
　①地方債（借入先別）の明細
　②地方債（利率別）の明細
　③地方債（返済期間別）の明細
　④特定の契約条項が付された地方債概要
　⑤引当金の明細

　これらの地方債に関する附属明細書は、今後の地公体における資金マネジメント上重要な意味をもっている。②地方債（利率別）の明細、③地方債（返済期間別）の明細については「決算統計」でも作成を求められている。①及び④については、通常の「起債システム」や「決算統計」にもない。起債システムデータを加工して、システムによって作成されることが想定される。

● ①地方債（借入先別）の明細

種類	地方債残高	うち1年内償還予定	政府資金	地方公共団体金融機構	
【通常分】					
一般公共事業					
公営住宅建設					
災害復旧					
教育・福祉施設					
一般単独事業					
その他					
【特別分】					
臨時財政対策債					
減税補てん債					
退職手当債					
その他					
合計					

【作成方法】

①②③地方債（借入先別/利率別/返済期間別）の明細

　地方債（借入先別）の明細は、起債システムより個別データを受領し、個別に作成する必要がある。将来、自動的に集計、算出されることが望まれる。（利率別）と（返済期間別）の明細は、決算統計36表、起債システムに出力情報あり。

④特定の契約条項が付された地方債の概要

　特定の契約条項が付された地方債の概要については、個別に確認して作成する。

● ②地方債（利率別）の明細

（単位：　　）

地方債残高	1.5%以下	1.5%超2.0%以下	2.0%超2.5%以下	2.5%超3.0%以下	3.0%超3.5%以下	3.5%超4.0%以下	4.0%超	（参考）加重平均利率

(単位：   )

市中銀行	その他の金融機関	市場公募債	うち共同発行債	うち住民公募債	その他

③地方債（返済期間別）の明細

（単位：   ）

地方債残高	1年以内	1年超2年以内	2年超3年以内	3年超4年以内	4年超5年以内	5年超10年以内	10年超15年以内	15年超20年以内	20年超

④特定の契約条項が付された地方債の概要

（単位：   ）

特定の契約条項が付された地方債残高	契約条項の概要

⑤引当金の明細

⑤引当金の明細

（単位：   ）

区分	前年度末残高	本年度増加額	本年度減少額 目的使用	本年度減少額 その他	本年度末残高
合計					

(2) 行政コスト計算書の内容に関する明細（略）
(3) 純資産変動計算書の内容に関する明細

● ①財源の明細 　　　　　　　　　　　　　　　　　　　　（単位：　　　）

会計	区分	財源の内容		金額
一般会計	税収等	地方税		
		地方交付税		
		地方譲与税		
		……		
		小計		
	国県等補助金	資本的補助金	国庫支出金	
			都道府県等支出金	
			……	
			計	
		経常的補助金	国庫支出金	
			都道府県等支出金	
			……	
			計	
		小計		
	合計			
特別会計				
……				

（総務省「マニュアル」より）

【作成方法】

　決算統計13表の区分の　　六　　普通建設事業費
　　　　　　　　　　　　　十　　積立金
　　　　　　　　　　　　　十一　投資及び出資金
　　　　　　　　　　　　　十二　貸付金

における「国庫支出金」、「都道府県等支出金」を資本的補助金として、それ以外の区分の「国庫支出金」と「都道府県等支出金」を経常的補助金として記入する。

　税収等については「決算統計04」の数値を用いる。

「財源情報の明細」

・説明

　「当年の行政諸活動の資金を調達した源泉」、言い換えれば、「地方公共団体の提供した公共財の資金源泉」であって、常識的な意味での「財源」である。「純行政コスト」の「その他」欄は、外部非流出の減価償却費用を割り戻すために、資金化されたもの（減価償却費の内部金融効果）と考えている。一般財源等には、特定されているもの以外の全ての充当資金が入っている。本来の意味での「独自財源」は一般財源であることに注意が必要である。

・計算方法

　下記の通り。

区分	金額	内訳			
		国県等補助金	地方債	税収等	その他
純行政コスト	システム内 （自動計算） a	システム内 （自動計算） b	システム内 （自動計算） c	システム内 （自動計算） d	(1) 個別入力
有形固定資産の増加	(2) 個別入力	財源充当 または (3) 個別入力	財源充当 または (4) 個別入力	財源充当 または (5) 個別入力	システム内 （自動計算） e
貸付金・基金等の増加	(6) 個別入力	(7) 個別入力	(8) 個別入力	(9) 個別入力	(10) 個別入力
その他	(11) 個別入力	(12) 個別入力	(13) 個別入力	(14) 個別入力	(15) 個別入力
合計	システム内 （自動計算） f	(16) 個別入力	(17) 個別入力	システム内 （自動計算） g	システム内 （自動計算） h

a.有形固定資産の増加
①何らかの方法で固定資産ごとの財源充当額を算出し、集計して入力する。
②旧基準モデルと同様に財源充当をシステム化してその結果数値を用いる方法。
財源充当の処理を行うことによって自動的に設定される。
b.a以外の項目
　他の項目については、
①公会計体系外の資料より収集し、金融資産増減表等より個別入力する。
　（上記(1)及び(6)〜(17)）
　　(1)純行政コスト「その他」……減価償却額及び除売却損を入力する。
　　(6)〜(15)……金融資産増減表等より入力する。
　　(16)合計「国県等補助金」……補助金合計－地方債返済充当額より入力する。
　　(17)合計「地方債」……地方債発行額－借換債より入力する。
②公会計システムから取得する。（上記「システム内」の項目）
　a…NWの純行政コスト
　b=(16)−(12)−(7)−(3)
　c=(17)−(13)−(8)−(4)
　d=a−b−c
　e=0
　f=a+(2)+(6)+(11)
　g=d+(5)+(9)+(14)
　h=(1)+e+(10)+(15)

(4) 資金収支計算書の内容に関する明細

①資金の明細

(単位：　　)

種類	本年度末残高
現金	
要求払預金	
短期投資	
……	
……	
合計	

　資金収支計算書の内容に関する明細として、資金の内訳(現金、要求払預金、短期投資…等)を記載する。参考資料として、資産負債内訳簿の「別表4-1.現金預金明細表」の「本年度末現金預金残高」の箇所、もしくは、別紙資料「金融資産明細表」から作成する。この金融資産明細表は、会計課から資料を入手する。

3. 資料

(1)【別紙1】未収・不納欠損残高整理表

未収・不納欠損残高整理表

予算科目	担当課	科目or事業CD	分類	H20 調定額 当期調定額 A	H20に生じた債権額 現年度分調定額	H19以前に生じた債権額 過年度分調定額 B	H20回収額 当期収納済額	H20に生じた債権の回収額 現年度分収納済額
A 一般会計								
1 市税					0			
個人市民税	市民税課	01-01-01-01-02	公法					
法人市民税	市民税課	01-01-02-01-02	公法					
固定資産税	資産税課	01-02-01-01-02	公法					
軽自動車税	資産税課	01-03-01-01-02	公法					
市たばこ税	市民税課	01-04-01-01	公法					
特別土地保有税	資産税課	01-06-01-01-02	公法					
事業所税	資産税課	01-08-01-01-02	公法					
都市計画税	資産税課	01-09-01-01-02	公法					
12 分担金及び負担金					0			
障がい者施設措置費負担金	障がい福祉課	01838-01	公法					
市立こども園運営費負担金	保育課	00031-01	公法					
私立こども園運営費負担金	保育課	00031-02	公法					
13 使用料及び手数料								
障がい者施設使用料	障がい福祉課	01841-01～04	公法					
市立幼稚園私的契約児童使用料	保育課	0004?	公法					
市立こども園使用料		01037-01						
新 コンサートホール使用料	文化振興課	01650-02-03	公法					
軽度生活援助事業利用手数料	高齢福祉課	01502-01	公法					
16 財産収入								
土地開発基金土地貸付収入	街道課	00313-05	私法					
新 林業生産物売払収入	森林課	00474-01						
20 諸収入								
貸付奨学金	学校教育課	00814-01	私法					
学校給食費	保健給食課	00525-01, 00837-01						
新 放課後児童対策費	文教安全課	00429-01	私法					
学校教育諸収入	学校教育課	00723-35の一部	私法					
		00723-30						
母子寡婦福祉資金貸付事業								
母子福祉資金貸付償還金	子ども家庭課	77001-01	私法					
寡婦福祉資金貸付償還金	子ども家庭課	77001-02	私法					
C 国民健康保険					0			
国民健康保険税(現年課税分・滞納繰越分)	医療保険年金課	01-01-01-01	公法					
新 特定健康診査費用返還金	健康増進課	70065-01	私法					
一般被保険者返納金	医療保険年金課	10-03-04-01	公法					
退職被保険者返納金	医療保険年金課	10-03-05-01	公法					
E 簡易水道事業								
給水関係手数料	簡易水道課	78505-02	私法					
給水工事収益	簡易水道課	07-03-01-01	私法					
簡易水道新規給水負担金	簡易水道課	01-01-01-01	私法					
物品供給契約解除に伴う違約金	簡易水道課	78515-01の一部	私法					
簡易水道料金	料金課	78504-06	私法					
●●事業負担金	料金課	01-01-01-02	公法					
開閉栓・督促手数料	料金課	78505-01	公法					
農業集落排水事業					0			
下水道使用料	下水道総務課	75008-01, 75008-03, 75008-04	公法					, 75008-04
下水道受益者負担金	下水道総務課	01-01-01-01	公法					
K 介護保険事業								
介護保険料(普通徴収分)	高齢福祉課	01-01-01-01	公法					
給付費過払返還金・介護サービス事業者加算金	高齢福祉課	78033-01, 78019-01	公法					
L 後期高齢者医療								
新 後期高齢者医療保険料(普通徴収分)	医療保険年金課	01-01-02-01	公法					
公共下水道事業								
下水道使用料	下水道総務課	73012-01, 73026-01	公法					
下水道受益者負担金	下水道総務課	01-01-01-01	公法					
J 都市計画事業土地区画整理								
新 公共管理者負担金	区画整理事務所	02-01-01-01	公法					
合計								

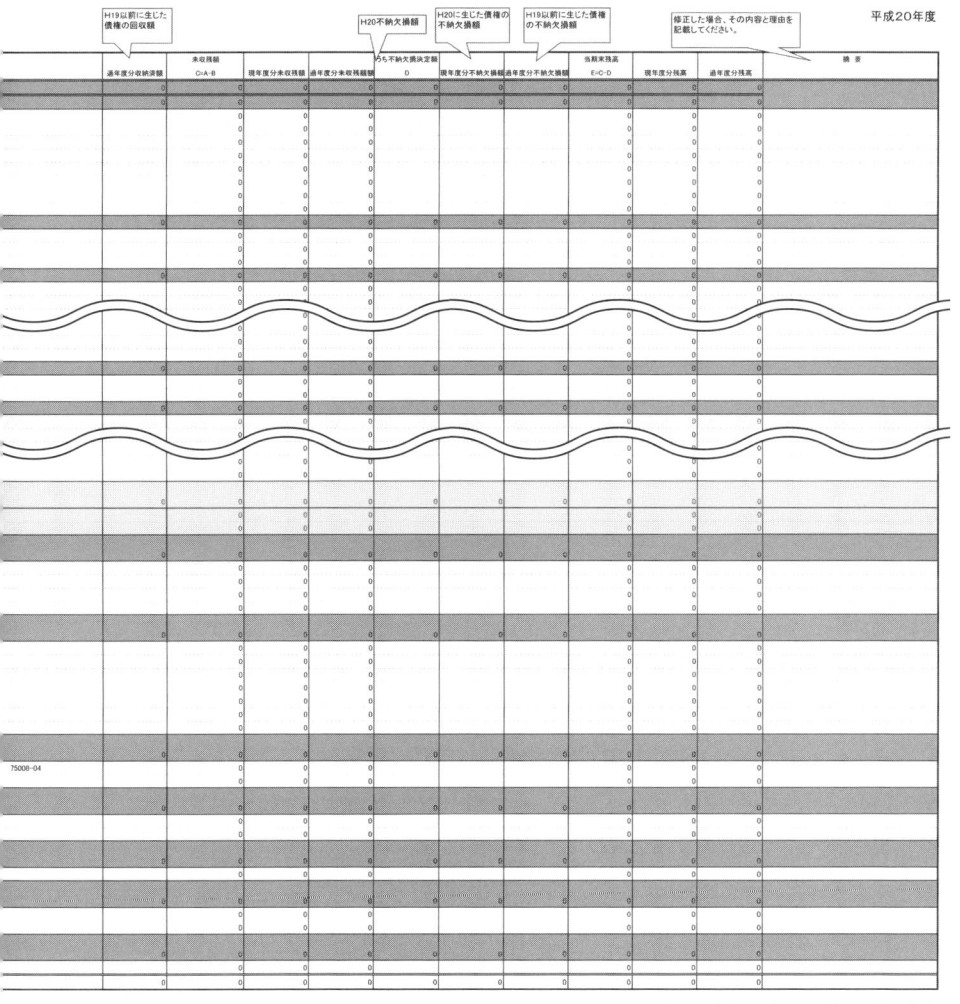

過年度分収納済額	未収残額 C=A-B	現年度分未収残額	過年度分未収残額	うち不納欠損決定額 D	現年度分不納欠損額	過年度分不納欠損額	当期末残高 E=C-D	現年度分残高	過年度分残高	摘要
										平成20年度

注記: H19以前に生じた債権の回収額 / H20不納欠損額 / H20に生じた債権の不納欠損額 / H19以前に生じた債権の不納欠損額 / 修正した場合、その内容と理由を記載してください。

75008-04

黄色セルは、貸付金に計上するため、BSには計上しない（集計から除外済）

[第2章] 地方公会計統一基準の資産負債内訳簿と附属明細書の作成方法　73

(2)【別紙2】金融資産明細表

(3)【別紙3】公債・借入金明細表

			前年度残高	借入	振替	合併等による引継	計	返済	振替	計	当期末残高
公債	一般会計	流動					0			0	0
		非流動					0			0	0
		計	0	0	0	0	0	0	0	0	0
公債	母子寡婦福祉資金貸付事業特別会計	流動					0			0	0
		非流動					0			0	0
		計	0	0	0	0	0	0	0	0	0
公債	簡易水道事業特別会計	流動					0			0	0
		非流動					0			0	0
		計	0	0	0	0	0	0	0	0	0
公債	公共下水道事業特別会計	流動					0			0	0
		非流動					0			0	0
		計	0	0	0	0	0	0	0	0	0
公債	農業集落排水事業特別会計	流動					0			0	0
		非流動					0			0	0
		計	0	0	0	0	0	0	0	0	0
借入金		流動					0			0	0
		非流動					0			0	0
		計	0	0	0	0	0	0	0	0	0
計		流動					0			0	0
		非流動					0			0	0
		計	0	0	0	0	0	0	0	0	0

注記:
- 流動以外：その時点から1年以内に返還予定の分
- 前年度残高：基本は長期に計上（一次借入金のみ短期）
- 振替（増加）：長期の振替で減らした分をここに足す
- 返済：予定通りの返済は短期で、繰上返済は長期で計上
- 振替（減少）：長期のうち、H21に返還予定の分をここで減らす

H20　平成20年度

(4)【別紙4】目的別資産区分マスター

改訂モデルコード	改訂モデル名称	目的別資産区分	備考
11100	道路	0	生活インフラ・国土保全
11200	橋梁	0	生活インフラ・国土保全
11300	河川	0	生活インフラ・国土保全
11400	砂防	0	生活インフラ・国土保全
11500	海岸保全	0	生活インフラ・国土保全
11600	港湾	0	生活インフラ・国土保全
11710	街路	0	生活インフラ・国土保全
11720	地下下水路	0	生活インフラ・国土保全
11730	区画整理	0	生活インフラ・国土保全
11740	公園	0	生活インフラ・国土保全
11799	都市計画-その他	0	生活インフラ・国土保全
11800	住宅	0	生活インフラ・国土保全
11900	空港	0	生活インフラ・国土保全
11999	生活インフラ・国土保全-その他	0	生活インフラ・国土保全
12100	小学校	1	教育
12200	中学校	1	教育
12300	高等学校	1	教育
12400	幼稚園	1	教育
12500	特殊学校	1	教育
12600	大学	1	教育
12700	各種学校	1	教育
12800	社会教育	1	教育
12999	教育-その他	1	教育
13100	保育所	2	福祉
13999	福祉-その他	2	福祉
14110	ごみ処理	3	環境衛生
14120	し尿処理	3	環境衛生
14199	清掃-その他	3	環境衛生
14200	保健衛生	3	環境衛生
14999	環境衛生-その他	3	環境衛生
15100	労働	4	産業振興
15210	造林	4	産業振興
15220	林道	4	産業振興
15230	治山	4	産業振興
15240	砂防	4	産業振興
15250	漁港	4	産業振興
15260	農業農村整備	4	産業振興
15270	海岸保全	4	産業振興
15299	農林水産業-区画整理	4	産業振興
15310	国立公園等	4	産業振興
15320	観光	4	産業振興
15399	商工-その他	4	産業振興
16100	庁舎	5	消防
16999	消防-その他	5	消防
17100	庁舎等	6	総務
17999	総務-損他	6	総務
99999	その他	9	その他

●資産負債内訳簿と附属明細書の関係性

項目	資産負債内訳簿	
帳簿	単式帳簿	複式簿記・発生主義財務書類
作成方法	棚卸法(現物手集計)	誘導法(総勘定元帳)システム
機能	検証担保機能	科目内訳

数字が異なる場合

　総務省『資産負債内訳簿』は4つの必要性の3番目において、「毎決算時においては、総勘定元帳から内訳を取得するほか、棚卸法により、残高を確認する」とします。

　地方公共団体(地公体)の総勘定元帳から内訳を取得できるのは、別表4-1.の「現金預金明細表」と4-7.「引当金明細表」です。

　『資産負債内訳簿』別表4-7.の「引当金明細表」と、『附属明細書』1(2)負債項目の⑤「引当金の明細」があります。

　それぞれの数字が異なって出てきた場合に、二つが照合されて両者が完全合一するまで悉皆調査が必要。

●明細誤りの有無と原因と課題

項目	「誤りは無い」ケース	「誤りは有る」ケース
地公体の数	少ない	多い
作成の仕方	きちっとできる	―
誤りの原因	―	手集計の誤り半分 システム的不具合部分
課題	どれだけ決算整理に時間がかかろうとも、完全一致していないものを提出できない(悉皆調査をする)。 地公体の担当者と会計事務所担当者とが一心同体で取り組んでいく、新しいステージの始まりを意味します。	

●解決方策4案

	(方策)	(内容)	(効果)
1	計算補助シート 前段階解決作戦	運用方法付計算 補助シート活用	手集計誤り未然回避。別紙1・2・3の開発が解決
2	細かい目配せ作戦	無償寄贈資産の有無を 確認する等々	例、固定資産台帳整備2年目以降の台帳更新が充実
3	決算プラス情報提供 お願い作戦	明細の形成過程・ 精度向上に関心・醸成	地公体から資料提供がないと決算整理できない事態を回避できる
4	主要施策の 成果報告書充実作戦	事業内容と成果を 決算額と財源内訳に反映	各班の年間総括と議員・住民からの質問・助言の相乗効果が結実した

第3章

「注記」について

エスティコンサルティング株式会社　　鈴木利勝
秋田中央税理士法人・安心経営株式会社
　代表取締役　　　　　　　　　　　　杉山　隆

新統一基準の目標の一つは比較可能性の実現である。そのため充実した注記は、その重要な内容となっている。2015.1.27発表の新統一基準マニュアルにそって注記のモデル文を提案する。

1. 重要な会計方針

263段	財務書類作成のために採用している会計処理の原則及び手続並びに表示方法その他財務書類作成のための基本となる事項 ①有形固定資産等の評価基準及び評価方法 　開始時における有形固定資産等の評価は原則として取得原価とし、取得原価が不明なものは原則として再調達原価としております。（償却資産…　　　　　）また開始後については、原則として取得原価とし再調達原価での評価は行わないこととしております。 ②有価証券等の評価基準及び評価方法 　出資金のうち、市場価格があるものは会計年度末における市場価格をもって貸借対照表価額としております。 　出資金のうち、市場価格がないもの 　出資金額をもって貸借対照表価額としております。ただし、市場価格のないものについて、出資先の財政状態の悪化により出資金の価値が著しく低下した場合には、相当の減額を行うこととしております。なお、出資金の価値の低下割合が30％以上である場合には、「著しく低下した場合」に該当するものとしております。 ③有形固定資産等の減価償却の方法	重要な会計方針

[第3章]「注記」について　81

有形固定資産（事業用資産、インフラ資産）
定額法を採用しております。

無形固定資産
定額法を採用しております。

④引当金の計上基準及び算定方法
　徴収不能引当金
　過去3年間の平均不納欠損率により計上しております。
　賞与引当金
　翌年度6月支給予定の期末・勤勉手当のうち、全支給対象期間に対する本年度の支給対象期間の割合を乗じた額を計上しております。
　退職給付引当金
　地方公共団体財政健全化法における退職手当支給額に係る負担見込額算定方法に従っております。
　損失補償引当金地方公共団体財政健全化法における損失補償債務等に係る一般会計等負担見込額算定方法に従っております。

⑤リース取引の処理方法
　ファイナンス・リース取引については、通常の売買取引に係る方法に準じて会計処理を行っております（少額リース資産及び短期のリース取引には簡便的な取り扱いをし、通常の賃貸借に係る方法に準じて会計処理を行っております）。

⑥資金収支計算書における資金の範囲
　現金（手許現金及び要求払預金）及び現金同等物（3ヶ

月以内の短期投資等）を資金の範囲としております。このうち現金同等物は、短期投資の他、出納整理期間中の取引により発生する資金の受け払いも含んでおります。

⑦その他財務書類作成のための基本となる重要な事項
　消費税等の会計処理
　税込方式によっております。

2.重要な会計方針の変更等

264段	重要な会計方針の変更事項 「重要な会計方針」の次に記載	重要な会計方針
	①会計処理の原則または手続を変更した場合には、その旨、変更の理由及び当該変更が財務書類に与えている影響の内容 総務省「新地方公会計の推進に関する研究会」報告の「新統一的な基準」との比較可能性をはかるため、開始時において、道路、河川及び水路の敷地については、再調達価格としてきましたが、当時において取得原価が判明するものは取得原価、取得原価が不明なものは備忘価格1円に訂正しております。平成20年度より平成25年度までに取得した資産について同様の処理を行っており、この処理による財務書類への影響額は次の通りです。 インフラ資産、土地、貸借対照表計上額　　円の減少 ②表示方法を変更した場合には、その旨 　総務省「新地方公会計の推進に関する研究会」報告の「新統一的な基準」の表示方法に合わせるため、大幅な表示の変更を行っております。 ③資金収支計算書における資金の範囲を変更した場合に	

は、その旨、変更の理由及び当該変更が資金収支計算書に与えている影響の内容
総務省「新地方公会計の推進に関する研究会」報告の「新統一的な基準」との適合をはかるため、歳計外現金を資金の範囲から外しております。この変更による資金収支計算書に与えている影響は次の通りです。

当期末資金残高の減少　　　　　　　　　　円

3.重要な後発事象

| 265段 | 会計年度終了後、財務書類を作成する日までに発生した事象で、翌年度以降の地方公共団体の財政状況等に影響を及ぼす後発事象のうち、次に掲げるものを記載

①主要な業務の改廃
②組織・機構の大幅な変更
③地方財政制度の大幅な改正
④重要な災害等の発生
　平成××年×月×日　　〇〇〇（場所）が火災（地震）により焼失（滅失）したことによる損害額は×××円、保険の契約金額は×××円です。
⑤その他重要な後発事象 | 重要な会計方針 |

4. 偶発債務

| 266段 | 会計年度末において現実の債務ではないが、将来、一定の条件を満たすような事態が生じた場合に債務となるもののうち、次に掲げるものを記載

① 保証債務及び損失補償債務負担の状況（総額、確定債務額及び履行すべき額が確定していないものの内訳（貸借対照表計上額及び未計上額））

② 係争中の訴訟等で損害賠償等の請求を受けているもの
（事件番号：　　平成××年・第××号）

\| 名称等
（訴訟等） \| 金額 \| 事件番号 \| 概要 \|
\| --- \| --- \| --- \| --- \|
\| ×××に係る
損害賠償
請求訴訟 \| ××× \| 平成××年
（×）等
××号 \| △△△において
損害賠償を
求められたもの
（第一審係争中） \|
\| 合計 \| ××× \| \| \|

③ その他主要な偶発債務 | 重要な会計方針 |

[第3章]「注記」について　87

5. 追加情報

267段	財務書類の内容を理解するために必要と認められる次に掲げる事項を記載 ①対象範囲（対象とする会計） ②一般会計等と普通会計の対象範囲等の差異 ③出納整理期間について、出納整理期間が設けられている旨（根拠条文を含みます。）及び出納整理期間における現金の受け払い等を終了した後の計数をもって会計年度末の計数としている旨 　財務書類の作成基準日は、会計年度末（3月31日）ですが、出納整理期間中の現金の受け払い等を終了した後の計数をもって会計年度末の計数としております。（地方自治法第235条の5「普通地方公共団体の出納は、翌年度の5月31日をもって閉鎖する」） ④表示単位未満の金額は四捨五入することとしているが、四捨五入により合計金額に齟齬が生じる場合はその旨 ⑤地方公共団体財政健全化法における健全化判断比率の状況 　（注意）地方公共団体財政健全化法における各比率算定の対象と基準モデルにおける会計の対象とは範囲が異なります。	重要な会計方針

実質赤字比率の算定に必要とされる事項
　　実質赤字　　　　　　　　　　　　　千円
　　標準財政規模の額　　　　　　　　　千円

⑥利子補給等に係る債務負担行為の翌年度以降の支出予定額　　　　　　　　　　　　　　　　千円

⑦繰越事業に係る将来の支出予定額
　　継続費逓次繰越額（一般会計）　　　千円
　　繰越明許費　　（一般会計）　　　　千円
　　　　　　　　　（下水道特別会計）　千円
　　事故繰越額　　（一般会計）　　　　千円
　　　　　　　　　（下水道特別会計）　千円
　　事業繰越額　　（一般会計）　　　　千円

⑧その他財務書類の内容を理解するために必要と認められる事項

⑨基準変更による影響額等（開始貸借対照表を作成しない場合。ただし、既に財務書類を作成しているが開始貸借対照表を作成する場合であっても注記することが望まれる。）
　　道路等の底地の評価額を1円とする評価方針の変更に伴う貸借対照表に対する影響額　　　千円

⑩売却可能資産に係る資産科目別の金額及びその範囲の
　　土地　　　　　　　　　　　　　　　千円

⑪減価償却費について直接法を採用した場合、当該各有形固定資産の科目別または一括による減価償却累計額

[第3章]「注記」について　　89

　　　　　　　　　　　　　　　　　　　　　千円

⑫減債基金に係る積立不足の有無及び不足額
　　　　　　　　　　　　　　　　　　　　　千円

⑬基金借入金（繰越運用）の内容
　××基金の繰越運用の資金額　　　　　　　千円

⑭地方交付税措置のある地方債のうち、将来の普通交付税の算定基礎である基準財政需要額に含まれることが見込まれる金額　　　　　　　　　　　　　千円

⑮将来負担に関する情報（地方公共団体財政健全化法における将来負担比率の算定要素）
　　イ.一般会計等に係る地方債の現在高　　千円
　　ロ.債務負担行為に基づく支出予定額　　千円
　　ハ.一般会計等以外の特別会計に係る地方債の償還に充てるための一般会計等からの繰入見込額
　　　　　　　　　　　　　　　　　　　　千円
　　ニ.組合等が起こした地方債の償還に係る負担見込額　　　　　　　　　　　　　　　　　千円
　　ホ.退職手当支給予定額に係る一般会計等負担見込額　　　　　　　　　　　　　　　　　千円
　　ヘ.設立法人の負債の額等に係る一般会計等負担見込額　　　　　　　　　　　　　　　　千円
　　ト.連結実質赤字額
　　　　　　　　　　　　　　　　　　　　千円
　　チ.組合等の連結実質赤字額に係る一般会計等負担見込額　　　　　　　　　　　　　　　千円
　　リ.地方債の償還額等に充当可能な基金

ヌ.地方債の償還額等に充当可能な特定の歳入　　　　　千円 　　　　　　　　　　　　　　　　　　　　　　　　千円 ル.地方債の償還等に要する経費として基準財政需 　要額に算入されることが見込まれる額 　　　　　　　　　　　　　　　　　　　　　　　　千円 ⑯地方自治法第234条の3に基づく長期継続契約で貸借 　対照表に計上されたリース債務金額　　　　　　千円	

第4章

統一的な基準の意義

菅原正明公認会計士・税理士事務所　所長

菅原正明

1. 統一的な基準が策定された経緯

　平成20年度から新地方公会計モデル（基準モデル及び総務省方式改訂モデル）による財務書類の作成が総務省から要請されていたものの、複式簿記の導入及び固定資産台帳の整備を前提とした本格的な会計制度としての「基準モデル」と財務書類4表の当面の簡便的作成を重視した「総務省方式改訂モデル」（以下、改訂モデルという。）の2つのモデルが公式に存在したこと、新地方公会計モデルとは異なる東京都方式や大阪府方式、国際公会計基準（IPSAS）等の独自の考え方が存在したことが地方公会計の実務の推進を阻害しているおそれがあるという共通認識があり、平成22年9月に「今後の新地方公会計の推進に関する研究会」（以下、研究会という。）が発足した。

「今後の新地方公会計の推進に関する研究会」開催概要

1. 背景・目的
　　総務省では、新地方公会計モデル（基準モデル及び総務省方式改訂モデル）を地方公共団体に示し、新地方公会計の整備を要請してきたところである。
　　今後、新地方公会計を更に推進していくため、「今後の新地方公会計の推進に関する研究会」を開催する。

2. 名称
　　本会合は、「今後の新地方公会計の推進に関する研究会」（以下「研究会」という。）と称する。

3. 検討内容

- 作成依頼から3年が経過した財務書類の作成についての検証
- 国際公会計基準及び国の公会計等の動向を踏まえた新地方公会計の推進方針
- クラウドコンピューティングの活用の検討
- その他新地方公会計の推進に必要な事項

　研究会の実質的な目的は、複数存在する地方公会計の基準を統一することであったと考えられる。開催当初3年程度を目途とされたが、中間とりまとめ（平成25年8月）を経て「今後の新地方公会計の推進に関する研究会報告書」（以下、研究会報告書という。）が平成26年4月に公表されるまでに3年8か月を要し、この間26回の会合が開催された。またこの間、「地方公共団体における財務書類の作成基準に関する作業部会」が平成25年9月から全9回、「地方公共団体における固定資産台帳の整備等に関する作業部会」が平成25年10月から全6回開催されている。

　さらに研究会報告書を受けて、平成26年5月から「今後の新地方公会計の推進に関する実務研究会」（以下、実務研究会という。）が発足し、全7回の会合を経て、平成27年1月に「統一的な基準による地方公会計マニュアル」（以下、マニュアルという。）が公表された。

「今後の新地方公会計の推進に関する実務研究会」開催概要

1. 背景・目的

　　「今後の新地方公会計の推進に関する研究会報告書」（平成26年4月30日公表）において示された統一的な基準による財務書類等の作成について、より詳細な取扱いを定めた要領等の作成に係る実務的な検討を行うため、「今後の新地方公会計の推進に関する実務研究会」を開催する。

2. 名称
　　本研究会は、「今後の新地方公会計の推進に関する実務研究会」(以下「実務研究会」という。) と称する。

3. 検討内容
　　主に以下の要領等の作成に係る実務的な検討を行う。
　　(1) 財務書類作成要領
　　(2) 固定資産台帳整備の手引き
　　(3) 資産評価の手引き
　　(4) 連結財務書類作成の手引き
　　(5) 財務書類等活用の手引き
　　(6) Q&A集

　マニュアルの整備を終えたことで一連の考え方が整理され、今後は実務を通じて課題の整理をしていくことになる。
　当方は幸運にも研究会、両作業部会、実務研究会の全てに構成員として参加したが、この間を通じて感じた「統一的な基準」の意義について簡単に述べることとする。

2.基準を統一した意味合い

　研究会発足の実質的な目的が地方公会計基準の統一であったことは先に触れたが、基準の統一自体については、反対意見はなかったものの、どのように統一を図るかについては、いろいろな考え方があり、総論賛成・各論反対の様相であった。当時のマスコミ等の見立てでも、基準の統一は難しいとされていた。

　このような背景のもと、もっとも大義があったのは国際公会計基準を中心とした基準の統一であった。しかしながら、最終的には国際公会計基準は非常に難解な部分があり、またそれ自体発展途上ということで国際公会計基準を中心とした基準の統一は見送られることとなった。

　一方、平成24年12月に中央自動車道笹子トンネルの天井板が落下し、死亡者が出るという大事故が発生したことに端を発して、いわゆるインフラ資産の老朽化が急に社会問題化した。これを受けて総務省を含む全省庁において、喫緊に資産老朽化問題の対策を講じる必要性が認識され、この一環として地方公会計においては、固定資産台帳の整備が強く認識され、すべての地方公共団体に期限を定めて固定資産台帳の整備を要請するという流れができたと言える。

　平成25年8月に公表された「中間とりまとめ」において、固定資産台帳の整備と複式簿記の導入は以下のように記載された。

固定資産台帳の整備
　地方公会計においては、資産・債務改革のみならず、公共施設の維持管理・更新等の把握の観点からも固定資産台帳の整備は必要不可欠である。

複式簿記の導入

> 地方公会計においては、検証可能性を高め、より正確な財務書類の作成を可能とするため、複式簿記の導入が必要不可欠である。

　中間とりまとめで大方針が決定したことにより、以後の研究会報告書、マニュアルについてはこの流れに沿った記載となっている。
　固定資産台帳の整備や複式簿記の導入については、地方公共団体の職員に少なからず負荷がかかるものであるが、この段で地方公会計を一歩進めなければ将来に禍根を残すといった強い危機感が背景にあったものと理解している。この決定こそが統一的な基準の最大の成果といえる。
　なおこの決定をもって改訂モデルは発展的に解消し、統一的な基準に移行することとなった。

　基準の統一に際しては、上記に記載した「財務書類4表の作成方法」（固定資産台帳の整備及び複式簿記の導入）の他、後述する「資産評価」と「財務書類4表の様式」が議論の焦点であった。いずれも議論としては奥が深く、統一的な基準の策定に際しては、会計上明確な結論に至ったわけではない。ただ議論を延々と行うことは統一的な基準の策定を遅らせ、ひいては実務の推進を阻害することになるため、今回の落とし所としては、「財務書類のわかりやすさや既存の財務書類との継続性等に配慮の上、他の会計基準等も参考にしながら整理するとともに、実務面での実施可能性という観点を重視した検討を行い、とりまとめた」（研究会報告書5段落）のである。

> 【キーワード】 実施可能性：
> あるべき会計上の要請を達成するためには、過度に実務上の負荷が生じることになるため、実務上の負担軽減を優先するという考え方。

従って、今後実務の進展に合わせて新たに論点として認識されたものについては、別途協議される可能性がある他、中間とりまとめにも記載されているとおり、今後、国際公会計基準の動向や、国の公会計基準の位置付け等の変更がある場合には、地方公会計の制度的な位置付けや基準設定のあり方等も含め、見直すことがあり得る。

　地方公会計制度は統一的な基準の策定をもって第2ステージに入ったものの、まだ黎明期であり、今後も状況に応じて変化していくべきものである。

　なお、中間とりまとめにおいて「統一的な取扱い」とされていたものが、研究会報告書においては「統一的な基準」という表現に修正されている。これは両作業部会において、協議が進んだということ等もあり、"取扱い"からより規範性の高い"基準"に変わったものと考えられる。

　一方で"統一基準"としていないのは、取り扱いに若干の幅を持たせる意味合いがあるためと理解している。研究会報告書では「本基準は、各地方公共団体がそれぞれの創意と工夫により、住民等への説明責任や行政経営に資する財務書類を作成することを妨げるものではない」(24段落) と記載されており、統一的な基準をベースにどんどん先に実務を進めていくことは歓迎されるべきことである。

3.議論の焦点

(1)有形固定資産の評価

　統一的な基準において、有形固定資産の開始時簿価については下図のとおり、取得原価が判明しているものは、原則として取得原価とし、取得原価が不明なものは、原則として再調達原価とすることとなった。

●有形固定資産等の評価基準　　　　　　　　　　　　　[　]内は取得原価が不明な場合

	開始時		開始後	再評価
	昭和59年度以前取得分	昭和60年度以降取得分		
非償却資産 ※棚卸資産を除く	再調達原価	取得原価 [再調達原価]	取得原価	立木竹のみ 6年に 1回程度
道路、河川及び水路の敷地	備忘価額1円	取得原価 [備忘価額1円]	取得原価	―
償却資産 ※棚卸資産を除く	再調達原価	取得原価 [再調達原価]	取得原価	―
棚卸資産	低価法	低価法	低価法	原則として毎年度

備忘1　適正な対価を支払わずに取得したものは原則として再調達原価(ただし、無償で移管を受けた道路、河川及び水路の敷地は原則として備忘価額1円)
備忘2　既に固定資産台帳が整備済みまたは整備中であって、基準モデル等に基づいて評価されている資産について、合理的かつ客観的な基準によって評価されたものであれば、引き続き、当該評価額によることを許容(その場合、道路、河川及び水路の敷地については、上表による評価額を注記)
備忘3　売却可能資産については、売却可能価額を注記し、当該価額は原則として毎年度再評価

　開始時簿価の算定ルールをどう捉えるかは、前提とする会計観によって大きく異なる。新地方公会計モデルでは、開始時簿価の算定を主として「再調達原価」によって行ってきた。再調達原価の採用については、実務上は機械的に評価が行えたし、貸借対照表能力を示すうえでも有用と考えられ

100

ていた。

　一方で、近年取得した固定資産で確実に取得原価が判明しているものについて、再調達原価で評価することに違和感がある点や、道路底地等を再調達価額で評価した際にあまりにも過大な資産計上額になることに抵抗感がある点等の指摘も存在していた。

　このため伝統的な会計観に基づいて、すべての固定資産を取得原価で評価すべきであるという考え方が研究会でも主張されたが、大半の固定資産の取得時期や取得原価が判明しない状況を考えれば、わざわざ再調達原価にデフレータを用いて取得原価を推計する方法も決め手に欠ける感があった。

　研究会等での議論の末、新地方公会計モデルの考え方を一部踏襲しながらも、取得原価が判明するものについては、原則として取得原価とし、取得原価が不明なものは、原則として再調達原価とすることで落ち着いた。また取得原価が判明するかどうかについては、地方公共団体で個々の事情はあるものの、恣意性が介入する可能性があり、できるだけ機械的な方法を提示するため、特定の時期を設定し、特定の時期（昭和59年以前）については、取得原価が判明していても、判明していないものと取り扱うこととなっている。

　つまり、上記の取り扱いは会計議論の末の理論的な帰結ではなく、いくつか存在した会計上の考え方の調整を図ったものと言える。

　また従来の基準モデルを中心とした新地方公会計モデルにおいては、開始後に事業用資産の再評価が求められていたが、再評価を行う会計上の是非ではなく、実施可能性の観点から再評価を求めないこととした。

　このように統一的な基準においては、会計上の考え方を収斂させたわけではなく、一定の期間内にすべての地方公共団体に固定資産台帳を整備してもらうために実施可能性を重視した内容となっている点において大きな意義がある。

　さらにすべての地方公共団体が同一の基準で開始時簿価を算定することで、地方公共団体間の比較可能性もある程度確保できる見通しとなったことも統一的な基準の意義の一つである。

(2) 純資産変動計算書の位置付け

　純資産変動計算書の位置付けについては、地方公共団体の主たる収入である税収を会計上どう考えるかとも関連して、2つの主張が併存している状況であった。一つは、財務業績はフロー・ストックの中長期的な均衡状態によって評価するため、純資産変動計算書を中心としてフロー・ストックの増減状況を表すことが適当であるという主張である。もう一つは、財務業績は一会計期間の行政コストが税収等で賄われているかという観点で行政コスト計算書によって評価し、純資産変動計算書は貸借対照表を補完するものとして位置付けすべきとの主張である。

　当該議論については、完全に結論の一致を見たわけではないが、統一的な基準においては、「地方公共団体の財務業績については、①一会計期間の経常的な費用がどの程度であり、②それが税収等の財源によってどのように賄われ、③固定資産の増減等を含め、将来に引き継ぐ純資産がどのように変動したかを示すことによって評価することが適当であると考える」ことと整理し、財務書類の様式については、行政コスト計算書及び純資産変動計算書については、別々の計算書としても、その二つを結合した計算書としても差し支えがないこととした。非常に激しい議論が行われた論点であったが、上記の取り扱いをまとめ切ったことは統一的な基準の大きな成果の一つと言える。

4.財務書類は「作る」から「使う」へ

　統一的な基準においては、改めて地方公会計の位置付けを明確にしている。すなわち地方公会計制度は、発生主義により、ストック情報やフロー情報を総体的・一覧的に把握することにより、現金主義会計による予算・決算制度を補完するものとして整備するものであるとされた。具体的には、発生主義に基づく財務書類において、現金主義会計では見えにくいコストやストックを把握することで、中長期的な財政運営への活用の充実が期待できることや、そのような発生主義に基づく財務書類を、現行の現金主義会計による決算情報等と対比させてみることにより、財務情報の内容理解が深まるものと考えられる。

　個々の地方公共団体における地方公会計整備の意義としては、住民や議会等に対し、財務情報をわかりやすく開示することによる説明責任の履行と、資産・債務管理や予算編成、行政評価等に有効に活用することで、マネジメントを強化し、財政の効率化・適正化を図ることが挙げられる。

●地方公会計の意義

1. 目的
① 説明責任の履行
　　住民や議会、外部に対する財務情報の分かりやすい開示
② 財政の効率化・適正化
　　財政運営や政策形成を行う上での基礎資料として、資産・債務管理や予算編成、政策評価等に有効に活用

2. 具体的内容（財務書類の整備）

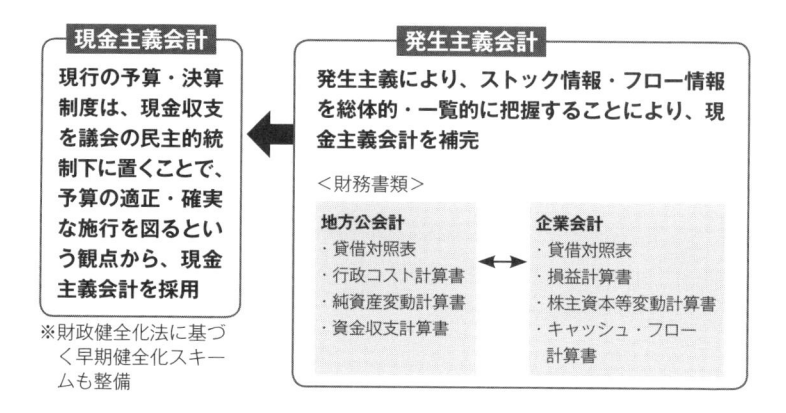

現金主義会計
現行の予算・決算制度は、現金収支を議会の民主的統制下に置くことで、予算の適正・確実な施行を図るという観点から、現金主義会計を採用

※財政健全化法に基づく早期健全化スキームも整備

発生主義会計
発生主義により、ストック情報・フロー情報を総体的・一覧的に把握することにより、現金主義会計を補完

＜財務書類＞

地方公会計	企業会計
・貸借対照表	・貸借対照表
・行政コスト計算書	・損益計算書
・純資産変動計算書	・株主資本等変動計算書
・資金収支計算書	・キャッシュ・フロー計算書

3. 財務書類整備の効果
① 発生主義による正確な行政コストの把握
　　見えにくいコスト（減価償却費、退職手当引当金など各種引当金）の明示
② 資産・負債（ストック）の総体の一覧的把握
　　資産形成に関する情報（資産・負債のストック情報）の明示

地方公会計制度は統一的な基準をもって第二ステージに入ったといえる。統一的な基準は、すべての地方公共団体に複式簿記の導入と固定資産台帳の整備を行い、原則として平成29年度までに統一的な基準に基づく財務書類を作成することを要請している。固定資産台帳の整備は現場に負荷を強いるため、研究会内でも慎重な意見があったが、これに踏み切った背景には資産の老朽化が社会問題化してきたことがある。

　資産の老朽化問題については、資産が老朽化していること自体が問題ではなく、資産を更新する際の将来財源が決定的に不足していると予想されることが問題であり、いわば財政問題と言える。問題の本質がお金に関することである以上、ストックやフロー（減価償却費等の発生主義コスト）に関する金額情報は、現行制度から得られる情報を補完し、より多面的な財政分析を行うことに寄与する。

　我が国の人口が減少しながら高齢化するのに加え、本格的に資産の更新時期を迎えることは将来の財政の逼迫を容易に想像させる。やや硬直化した従来の意思決定プロセスを踏襲する限り、問題の深刻度は増すばかりであるが、総務省が統一的な基準の公表と同時に財政の効率化・適正化を重要な公会計の目的としてことさら強調していることの意味を考えれば、今後向き合っていく課題は明確である。

　つまり固定資産台帳整備と複式簿記化を前提とした統一的な基準の設定は、地方公共団体間の比較可能性を確保することで説明責任を履行するという外部報告目的（アカウンタビリティ）に資するのみならず、財政の効率化・適正化という内部管理（マネジメント）目的にも活用できるツールを提供するということに重要な意義がある。

　マニュアルにおいては、公会計の活用事例が紹介されており、「メリハリのある予算編成につなげる」「予算要求特別枠を創設する」こと等が期待されている。現場サイドに立てば公会計情報を即座に予算編成に活用することはハードルの高いことであり、一見すれば机上の空論のように聞こえるかもしれないが、徐々に新しい観点を業務に取り込んでいかなければ、財政の逼迫を食い止められないことも厳しい現実である。

　ただし、公会計の活用には一定の限界もある。いわゆるハコモノについ

ては、セグメント分析を行うことで例えば施設別の行政コスト計算書を作成し、その結果を予算編成にフィードバックすることはイメージしやすい。一方、道路をはじめとしたインフラ資産については、固定資産台帳や行政コスト計算書をどのようにマネジメントに活かすのかは非常に難易度が高く、当面は両者を切り離して考える必要がある。

　以上から統一的な基準による地方公会計制度は、財政の効率化・適正化のための補完ツールとして整備されたものであるが、対象となる課題の解決が短期では達成できないため、中長期の視点をもって粘り強く取り組む必要がある。その過程で補完の新しい切り口への理解を深め、公会計情報を活用する機会が増えることがまさに期待されていることであり、大きな意義である。

　なお、補完としての公会計情報を活用するためには、新しい感覚を仕事の現場に持ち込む必要があるが、この感覚（ストック感覚、発生主義コスト感覚）は既に個人としては持っているものである。現行制度下においては必要がなかったが、個人としては十分に持っている感覚（損か得か、割がいいかどうか等）を仕事の現場に持ち込むことを要請していることを付言する。

5. 統一的な基準への移行

　統一的な基準の導入初年度においては、一般会計等、全体及び連結それぞれの開始貸借対照表を原則として作成することとされており、この場合、附属明細書及び精算表も作成することになる（財務書類作成要領（以下、要領と言う。）13段落）。

　開始貸借対照表の作成とは、統一的な基準導入初年度の期首における貸借対照表上の資産、負債及び純資産残高を、勘定科目別に算定することである。一般会計等におけるこれらの期首残高は、既存の各種台帳等の原簿を活用して棚卸的に調査の上、期首における価額を評価して作成することになる（要領46段落）。

　ただし、基準モデル等によって財務書類を作成している場合には、開始貸借対照表を作成しなくても構わないが、その場合には、当該基準変更による影響額等を注記することとされている（要領47段落）。

　基準モデル等の"等"には東京都方式や大阪府方式を含むが、総務省方式改訂モデルは含まない。この線引きについては、既に複式簿記化し、固定資産台帳を整備している会計制度か否かがポイントである。

　一方で、資産評価については、資産評価及び固定資産台帳整備の手引きの109段落には「既に固定資産台帳が整備済または整備中であって、基準モデル等に基づいて評価されている資産について、合理的かつ客観的な基準によって評価されたものであれば、引き続き、当該評価額によることを許容することとします。ただし、その場合でも、道路、河川及び水路の敷地については、63段落による評価額を注記することとします」と記載されており、基準モデル等を採用している地方公共団体においては、実務負担を考慮して、基準モデル等の評価額を引き継ぐことが認められているため、固定資産評価については修正する必要はない。ただし、今後は大多数の地方公共団体が統一的な基準を採用することを考えれば、比較可能性の観点から統一的な基準の考え方に修正するという選択肢もある。

統一的な基準は新たに策定された基準であり、原則的には従来の財務書類4表との連続性をいったん分断した上で、フレッシュスタートをする前提であるが、基準モデル等は統一的な基準との連続性が必ずしも否定されていないため、統一的な基準を採用する初年度においては、どのような方針で移行するのかを明確にしておく必要がある。

第5章

純資産変動計算書について

近藤一夫税理士事務所　　　　　　　　近藤 一夫

1. 純資産変動計算書の論点

(1) 論点1　固定資産等形成分の範囲について

　今回の統一基準では純資産の部は「固定資産等形成分」と「余剰分（不足分）」の2項目の区分に簡素化された。それ故、何をもって上記2つに区分するかが論点となる。純資産変動計算書の項目のうち、固定資産等の変動（内部変動）には、「有形固定資産等の増加・減少」「貸付金・基金等の増加・減少」の項目がある。このうち、「有形固定資産等」については平成26年4月の研究会報告書第202段に「有形固定資産及び無形固定資産」とあり、これには異論はないであろう。

　しかし、「貸付金・基金等」の範囲については定義づけが必要であり、これについて以下の2通りの区分が考えられる。

　　① 1Yearルールに基づき、固定資産に該当する基金等を計上（期間別区分）
　　②資金が固定化される性質の項目を個別に判断（性質別区分）

　なお、平成26年9月取りまとめ「財務書類作成要領」第50段では「固定資産等形成分には、固定資産の額に流動資産における基金及び棚卸資産を加えた額を記載」するよう、求めている。

(2) 論点2　住民説明の方法について

　基準モデルと比較し、シンプルになったとはいえ、なお難解な純資産変動計算書を会計に詳しくない住民に如何に説明すべきか。

(3) 論点3　基準モデル・改訂モデルからの移行方法

　これまでの各項目の残高は考慮せず、移行期首時点での固定資産等形成分を算出し、残高を余剰分とするしかないと考える。

2.個別科目の考察　～新様式参照～

(1) 統一基準における純資産変動計算書の改正点
①構造がシンプルになったこと
　A) 会計的要素

　　　基準モデルの純資産変動計算書は、本来の純資産の増減を表す計算と純資産の内部変動が混然一体となっていたために、全体の理解が困難で、説明に苦慮する事態であった。

　　　しかし、今回の改正により、純資産の増減に関する計算は第1列にまとめられ、純資産の内部変動が第2列、第3列で表示されることによって、極めて、簡素な形が実現している。貸借対照表と行政コスト計算書、及び、純資産変動計算書の第1列によって、ストックとフローが当期純資産変動額を介して結合している簿記本来の体系が完結しており、それは、通常の発生主義の説明にて理解可能である。その上で、「純資産の内部構成の変動」という公会計の特有の内容を、別のアイテムとして説明を行うことが理解の促進にとって有益である。

　B) 資産構成要素

　　　「純資産の内部構成の変動」が、財務諸表内の重要な要素として表示されなければならない理由は地公体の資産の特徴にある。

　　　民間企業における資産は、将来の売上によって回収を予定し、またより大きな回収による収益確保の手段として、積極的財産という側面が強い。他方、地公体の資産は組織としては当然減価償却費見合いの将来税収によってカバーされるが、税収自体が内部構成員の負担になるという質的違いにより、資産の増加は手放しに歓迎するべきものではない。よって、純資産の内部を流動性の高い資金と固定性の高い資産とに区分し、その構成と増減を正確に認識する必要がある。

　　　つまり、税が資金の形で徴収され、その資金が様々な用途で「消費」されていく地公体の財政運営の立場からは、純資産の増減もさること

ながら「実質的な資金」の増減が重要な意味を持っている。将来の債務返済により支出の確定した資金を考慮に入れない「資金収支計算書」の資金は、現に存在する純粋の資金であり、資産がいくら増えても、他方で公債がどんどん拡大すれば、それは財産の増加として手放しで歓迎できないことは、この十数年の経験の中で実感していることである。

②仕訳を用いずに内部構成の変動を導くことが可能になったこと

　上記の内部構成の変動を仕訳の体系に持ち込んでいたのが、これまでの基準モデルである。しかし、それは、先の「研究会」である委員が発言されたように、「理論的には正しくとも、その理解を求めるには、簿記学校の教程からやり直さねばならない」という結果を生み出した。ここには「会計が慣行」であるという、極めて意味深い内容が含まれている。例えば、理論的には人間の生理的環境により適したキーボード配列が考案されても、現状のキーボード配列が容易にかわらないのと同様である。その中で「内部構成の変動」という基準モデルの提起を、何とか生かすために、仕訳を得ずに、第2列、第3列の記載を可能にしたのである。余剰分（不足分）は基準モデルの財源、固定資産等形成分は資産形成充当財源である（補足資料参照）ので、以前と同様の仕訳を行うことは勿論可能であるが、他の方法、固定資産台帳からの作成も可能となっている。（但し、研究会報告書の別のところで記述されているBSと台帳の相互照合による検証を経た「正しい台帳」を前提とする。）

　こうしたことにより、作成容易、理解容易だけでなく、東京都方式や大阪府方式を前提にしても、この純資産変動計算書の作成は可能であり「新統一基準」の広がりにも寄与するといえる積極的な内容も持っている。

(2)固定資産等形成分について

　前述の研究会報告書では、固定資産等形成分は、「資産形成のために充当した資源の蓄積をいい、原則として金銭以外の形態（固定資産等）で保有

される」とし、余剰分（不足分）については、「地方公共団体の費消可能な資源の蓄積をいい、原則として金銭の形態で保有される」としている。

　しかし、地公体の場合、固定資産の取得に公債（建設公債）を充て、その返済の財源に将来の税収等を見込んでいる（財源を先食いしている）ため、余剰分はマイナス（＝資金不足）となる。つまり資金の使途が固定化されていることを表しているのである。

（単位：百万円）

	A市	B市	C市
資産	738,279	471,707	473,618
純資産	623,779	379,039	409,489
純資産比率	84.5%	80.4%	86.5%
非金融資産	685,468	433,960	456,126
貸付・出資・基金	45,548	30,525	13,863
余剰分	△107,237	△85,446	△60,500
公債	96,529	75,557	53,480

(3) 純行政コスト・財源

　これらの考え方は原則基準モデルと同様である。純行政コストは余剰分を減少させ、税収等のプラスがこれを補っていることを表している。

(4) 固定資産等の変動（内部変動）

　固定資産等の変動のうち、有形固定資産の増減と貸付金・基金等の増減についてはあくまでも純資産変動計算書内部での増減を表しており、貸借対照表等他の財務書類には影響を及ぼさない。有形固定資産等の増加については資産の有償取得分が記載されるが、この場合、固定資産等形成分にプラスで表示され、余剰分には同額がマイナスで表示される。この金額は有償取得の固定資産の総額を集計することで記載が可能となり、基準モデルのような個々の資産ごとの財源仕訳は不要となった。

　これに対し、有形固定資産等の減少は減価償却費と除売却資産の元本の減少分を集計して記載する。こちらは増加の場合とは逆で、固定資産等形

成分にマイナスで表示され、同額が余剰分にプラスで表示される。なお、減価償却費や除売却損益は既に純行政コストにおいてマイナスで記載されており、このマイナスと有形固定資産の減少における余剰分のプラスが相殺され、実際の現金の増減と余剰分の増減が一致するのである。

貸付金・基金等の増減についても上記有形固定資産と同様の考え方であり、有償による増減が内部変動の額に反映される。

なお、これらの数値は理論上、有償による資産の増減の合計額を直接純資産変動計算書へ記載することも可能であるし、仕訳として集計し、記載することも可能である。

(5) 資産評価差額

有価証券等の無償による増減（評価益・評価損）があった場合、この欄に記載する。これら評価損益は行政コスト計算書へは反映されず、無償による増減のため、資金収支計算書へも反映されない。従って資産の増減を純資産変動計算書の増減と一致させるよう、仕訳が必要となる。

(6) 無償所管換等

上記(4)に対し、固定資産の無償取得・譲渡による増減があった場合に記載する。考え方は有価証券等の場合と同様である。

3.純資産変動計算書の説明(案)

(1) 当年度純資産の増減が企業会計における「黒字・赤字」である

　公会計においては「純資産」というより資産から負債を差し引いた「正味財産」と解した方が理解し易いのではなかろうか。また、出資説を基に財務書類を作成する以上、税収等を含めた純資産の前年度からの増減額がその年度における財政状況を把握する上で最も重要であると考える。なお、純資産の残高は地公体の規模や資産の評価方法により大きく左右されるため、これらの残高よりも年間の変動を把握することに意味がある。

(2) 内部変動

　上記(1)にて全体での増減を把握した上で、固定資産等形成分、余剰分(不足分)それぞれを前年と比較し、増減したかを確認する。これにより、どれだけ資金の拘束が生じたか、どれだけ余剰が生じた(不足分が縮小した)かを分析するのである。

(3) 余剰分(不足分)=実質的な資金を表す

　前述の通り、恐らく全ての自治体は余剰分がマイナスになると考えられる。自治体の保有する資産については換金性のあるものの方が少なく、民間企業のように投資を売上(=税収等)で回収しようという概念がそもそもないことから仕方のないことではある。それらを加味した上で現在ある資金(BSの資金)だけでなく、将来の支払いを条件付けられた資金を差し引いた余剰分は、「発生主義的資金」といえるのではないだろうか。

以上

注：附属明細書のうち「純資産変動計算書の内容に関する明細」のうち「財源の明細」と「財源情報の明細」では、「財源」の意味が異なって使用されていることに注意が必要である。

　前者の「財源」は2の(2)の「余剰分（不足分）」の説明で述べたように基準モデルから一貫している「返済不要で、費消可能な現金性資源」である。後者は常識的な意味の「財源」すなわち「地方公共団体の提供した公共財の資金源泉」という意味で使われているので、相異を明確にしておかねばならない。

4. 資料

(1) 貸借対照表

【様式第1号】

貸借対照表
（平成　年　月　日現在）

(単位：　)

科目	金額	科目	金額
【資産の部】		【負債の部】	
固定資産		固定負債	
有形固定資産		地方債	
事業用資産		長期未払金	
土地		退職手当引当金	
立木竹		損失補償等引当金	
建物		その他	
建物減価償却累計額		流動負債	
工作物		1年内償還予定地方債	
工作物減価償却累計額		未払金	
船舶		未払費用	
船舶減価償却累計額		前受金	
浮標等		前受収益	
浮標等減価償却累計額		賞与等引当金	
航空機		預り金	
航空機減価償却累計額		その他	
その他		負債合計	
その他減価償却累計額		【純資産の部】	
建設仮勘定		固定資産等形成分	
インフラ資産		余剰分(不足分)	
土地			
建物			
建物減価償却累計額			
工作物			
工作物減価償却累計額			
その他			
その他減価償却累計額			
建設仮勘定			
物品			
物品減価償却累計額			
無形固定資産			
ソフトウェア			
その他			
投資その他の資産			
投資及び出資金			
有価証券			
出資金			
その他			
投資損失引当金			
長期延滞債権			
長期貸付金			
基金			
減債基金			
その他			
その他			
徴収不能引当金			
流動資産			
現金預金			
未収金			
短期貸付金			
基金			
財政調整基金			
減債基金			
棚卸資産			
その他			
徴収不能引当金		純資産合計	
資産合計		負債及び純資産合計	

(2) 純資産変動計算書

【様式第3号】

純資産変動計算書

自　平成　年　月　日
至　平成　年　月　日

(単位：　　)

科目	合計	固定資産等形成分	余剰分（不足分）
前年度末純資産残高			
純行政コスト（△）			
財源			
税収等			
国県等補助金			
本年度差額			
固定資産等の変動（内部変動）			
有形固定資産等の増加			
有形固定資産等の減少			
貸付金・基金等の増加			
貸付金・基金等の減少			
資産評価差額			
無償所管換等			
その他			
本年度純資産変動額			
本年度末純資産残高			

著者一覧

1. 山崎大地（やまさき　だいち）
   丸山あゆみ（まるやま　あゆみ）
   株式会社システムディ　公会計ソリューション事業部　サポートセンター
   TEL：03-5777-5231
   https://www.systemd.co.jp/

2. 中神邦彰　（なかがみ　くにあき）
   井藤税理士法人　公認会計士・税理士
   TEL：052-205-7068

3. 鈴木利勝（すずき　としかつ）
   エスティコンサルティング株式会社　常務取締役
   TEL：029-304-1000
   http://www.stconsulting.co.jp/

4. 菅原正明（すがはら　まさあき）
   菅原正明公認会計士・税理士事務所　所長
   TEL：06-6210-1935
   http://www.sugahara-cpa.jp/

5. 佐保　新（さほ　あらた）
   税理士法人諸井会計　公会計プロジェクトチーム
   TEL：0952-23-5106
   http://www.moroi.co.jp/

6. 玉澤一雄（たまざわ　かずお）
   税理士法人ヤマダ会計
   TEL：053-448-5505
   http://www.yamadakaikei-go.jp/

7. 杉山　隆（すぎやま　たかし）
   秋田中央税理士法人・安心経営株式会社　代表取締役
   TEL：018-864-8888
   http://www.actc.biz/

8. 近藤一夫（こんどう　かずお）
   近藤一夫税理士事務所

9. 野中俊也（のなか　としや）
   一般社団法人　地方公会計研究センター　事務局長
   TEL：03-3578-8866
   http://www.lprc.or.jp/

一般社団法人 地方公会計研究センター　会員一覧

	法人名	代表者	
正会員	株式会社吉岡経営センター	代表取締役	吉岡　和守
	株式会社三澤経営センター	代表取締役	三澤　壯義
	秋田中央税理士法人	代表社員	杉山　隆
	エスティコンサルティング株式会社	代表取締役社長	宇留野　秀一
	株式会社鈴正コンサルタンツ	代表取締役社長	鈴木　正光
	辻・本郷税理士法人	理事長	徳田　孝司
	OAG税理士法人	代表社員	太田　孝昭
	税理士法人TACT高井法博会計事務所	代表社員	高井　法博
	株式会社ローカルマネジメント	代表取締役	鈴木　宏之
	税理士法人ヤマダ会計	代表社員	山田　義之
	京都みやこ税理士法人	代表社員	中村　清之
	税理士法人森田会計事務所	代表社員	森田　洋平
	税理士法人未来経営	公会計マネージャー	高知　宏興
	税理士法人長谷川会計	代表社員	長谷川　一彦
	税理士法人諸井会計	代表社員	諸井　政司
	ソリューションイースト株式会社	代表取締役	青木　孝憲
	税理士法人あさひ会計	代表社員	柴田　健一
	税理士　原久事務所	所長	原　久
	税理士法人合同経営会計事務所	代表社員	三田　浩二
	株式会社藤井経営	代表取締役	藤井　泉
	税理士法人エム・エム・アイ	代表社員	高橋　節男
	税理士法人TMS	代表社員	細田　幸夫
	税理士法人優和	理事長	渡辺　俊之
	コンパッソ税理士法人	代表社員	白井　輝次
	税理士法人みどり会計	代表社員税理士	原田　篤志
	税理士法人児島会計	代表社員	児島　修
	木村美都子税理士事務所	所長	木村　美都子
	税理士法人スマッシュ経営	代表社員	森　久士
	アタックス税理士法人	代表社員	丸山　弘昭
	公認会計士　渡邊事務所	所長	渡邊　功
	株式会社マスエージェント	代表取締役	石井　辰美
	西岡会計事務所	所長	西岡　義高
	株式会社佐々木総研	会長	佐々木　直隆

郵便番号	住所	TEL
060-0006	北海道札幌市中央区北6条西24丁目1-30　YMビル	011-644-8988
980-0821	宮城県仙台市青葉区春日町7番32号　パセオ8階	022-262-4554
010-0951	秋田県秋田市山王5丁目7番28号	018-864-8888
310-0847	茨城県水戸市米沢町392	029-304-1800
371-0013	群馬県前橋市西片貝町5-18-20	027-243-4881
163-0631	東京都新宿区西新宿1-25-1　新宿センタービル31階	03-5323-3301
102-0076	東京都千代田区五番町6-2　ホーマットホライゾンビル	03-3237-7500
502-0802	岐阜県岐阜市打越546番地の2	058-233-3333
464-0833	愛知県名古屋市千種区大島町2-18	052-364-9641
432-8021	静岡県浜松市中区佐鳴台1-6-11	053-448-5505
604-8133	京都府京都市中京区六角通東洞院東入騰屋町183-1	075-213-0001
630-8247	奈良県奈良市油阪町456番地　第2森田ビル	0742-22-3578
720-0044	広島県福山市笠岡町2-6	084-932-2233
733-0822	広島県広島市西区庚午中2-11-1	082-272-5868
840-0015	佐賀県佐賀市木原2-6-5	0952-23-5106
105-0013	東京都港区浜松町2-2-14　KIビル803	03-5776-0234
990-0034	山形県山形市東原町2丁目1番27号	023-631-6521
395-0003	長野県飯田市上郷別府3307番地5　綿治ガラスセンター2階	0265-21-1233
910-0843	福井県福井市西開発1丁目2503番地1	0776-57-2370
372-0801	群馬県伊勢崎市宮子町3220	0270-25-7696
140-0014	東京都品川区大井1-7-6　THビル4階	03-3778-2311
179-0084	東京都練馬区氷川台4丁目47番18号	03-5399-9251
108-0014	東京都港区芝4-4-5　三田KMビル2階	03-3455-6666
150-0043	東京都渋谷区道玄坂1-10-5　渋谷プレイス9F	03-3476-2233
254-0034	神奈川県平塚市宝町12-13	0463-23-6607
273-0865	千葉県船橋市夏見2丁目14番1号	047-424-1988
410-0865	静岡県沼津市東間門148-1	055-964-1331
472-0035	愛知県知立市長田1-11	0566-83-3055
450-0002	愛知県名古屋市中村区名駅5-27-13　名駅錦橋ビル	052-586-8822
541-0043	大阪府大阪市中央区高麗橋4-5-8　グローネット淀屋橋ビル	06-6227-1045
770-0002	徳島県徳島市春日2丁目3番33号	088-632-6228
640-8333	和歌山県和歌山市蔵小路5番地	073-436-6001
805-0021	福岡県北九州市八幡東区石坪町10-13	093-651-5933

	法人名	代表者		
	篠原・植田税理士法人	代表社員	篠原	俊
	税理士法人村田経理事務所	代表社員	村田	純一
	株式会社近田会計事務所	代表取締役	近田	雄一
	畠＆スターシップ税理士法人	代表社員	畠	嘉伸
	税理士法人辻総合会計	代表	辻	勝
	あすか中央税理士法人	代表社員	江口	清市
	税理士法人あさひ会計	代表社員	栗山	隆史
	税理士法人三部会計事務所	代表社員	三部	吉久
	佐藤税理士法人	代表社員	佐藤	誠司
	税理士法人アミック	代表社員	谷中田	悟
	相楽行孝税理士事務所	所長	相楽	行孝
	株式会社みどり合同会計	取締役会長	山口	明男
	株式会社ヨネカワ	代表取締役	米川	收
	アクタス税理士法人	代表社員	加藤	幸人
	税理士法人広瀬	代表社員	廣瀬	裕
	税理士法人芦田合同会計事務所	代表社員	荒木	敬雄
	菅原正明公認会計士・税理士事務所	所長	菅原	正明
	井藤税理士法人		中神	邦彰
	税理士法人総務部	代表社員	太田	興作
特別会員	株式会社システムディ	代表取締役	堂山	道生
賛助会員	フィンテックグローバル株式会社	代表取締役社長	玉井	信光
	株式会社ITスクエア	代表取締役社長	伊藤	則明
	株式会社FCS	代表取締役	藤本	繁夫
	ジャパンシステム株式会社	代表取締役社長	阪口	正坦
	株式会社エスネットワークス	代表取締役社長	須原	伸太郎
	株式会社内田洋行	執行役員　公共本部 官公自治体ソリューション事業部長	不室	克巳
	アジア航測株式会社	代表取締役社長	小川	紀一朗
	株式会社パスコ	代表取締役社長	目﨑	祐史
	株式会社アチカ	常務取締役	樫尾	覚
	株式会社五星	代表取締役社長	武内	和俊
	朝日航洋株式会社	代表取締役社長	立野	良太郎
	学校法人大原学園	理事長	安部	辰志

郵便番号	住所	TEL
810-0023	福岡県福岡市警固2丁目12番5号	092-751-1605
857-0033	長崎県佐世保市城山町2-4	0956-23-8201
039-1166	青森県八戸市根城8丁目6番11号	0178-43-7051
920-0003	石川県金沢市疋田1丁目33番地	076-252-6195
541-0046	大阪府大阪市中央区平野町3丁目3-7 ニューライフ平野町102号	06-6206-5510
940-0083	新潟県長岡市宮原3-12-16	0258-35-8760
277-0005	千葉県柏市柏4-5-10 サンプラザビル2階	04-7166-4153
963-8023	福島県郡山市緑町16-1	024-922-1300
020-0866	岩手県盛岡市本宮2-5-1	019-635-3911
321-0151	栃木県宇都宮市西川田町923番地20	028-908-4411
294-0041	千葉県館山市高井430	0470-24-2911
700-0812	岡山県岡山市北区出石町2-4-4	086-223-7291
683-0845	鳥取県米子市旗ヶ崎3丁目15番21号	0859-22-9632
107-0052	東京都港区赤坂3-2-6 赤坂中央ビル7階	03-3224-8888
604-0846	京都府京都市中京区両替町通押小路上る金吹町465番地	075-222-2051
650-0033	兵庫県神戸市中央区江戸町85-1 ベイ・ウイング神戸ビル14階	078-393-2150
541-0058	大阪府大阪市中央区南久宝寺町4-1-2 御堂筋ダイビル7階	06-6210-1935
460-0003	愛知県名古屋市中区錦1丁目13-19 名古屋北辰ビル3階	052-205-7068
939-8208	富山県富山市布瀬町南1丁目12-17	076-493-0510
604-8172	京都府京都市中京区烏丸通り三条上る場之町603番地	075-256-7777
105-0001	東京都港区虎ノ門4丁目1番28号 虎ノ門タワーズオフィス19F	03-5733-2121
950-0088	新潟県新潟市中央区万代3-1-1 新潟日報メディアシップ13F	025-243-0240
107-0062	東京都港区南青山1-1-1 新青山ビル東館19F	03-6863-4180
151-8404	東京都渋谷区代々木1-22-1 代々木1丁目ビル3F	03-5309-0320
100-0005	東京都千代田区丸の内1-8-1 丸の内トラストタワーN館15F	03-6826-6000
135-0016	東京都江東区東陽2-3-25 住生興和東陽町ビル	03-5634-6287
215-0004	神奈川県川崎市麻生区万福寺1-2-2	044-969-7380
153-0043	東京都目黒区東山1-1-1 東山ビル	03-5722-7600
010-0941	秋田県秋田市川尻町字大川反170番地179	018-823-8781
767-0011	香川県三豊市高瀬町下勝間670-1	0875-72-4181
136-0082	東京都江東区新木場4-7-41	03-3522-0647
101-8351	東京都千代田区西神田1-2-10	03-6740-0008

一般社団法人 地方公会計研究センター

2006年、公会計制度実施と同時に勉強会「公会計改革に協力する会計人の会(以下、公会計人会)」を立ち上げる。

2007年に正式に発足した新地方公会計制度のサポートをする、全国の会計事務所による任意団体となる。

2013年2月14日、公会計の会計処理方針の検討、会計基準の提案等、今後の地方公会計制度の更なる改善・発展に寄与すべく、支援体制の強化・本格的整備を目指し、前身の「公会計人会」を社団法人化、「一般社団法人 地方公会計研究センター」の設立。

全国の自治体への実務支援をはじめ、総務省の研究会、あるいは研究会の後のワーキンググループへ「公会計人会」のメンバーが参加するなど、実務実績を通じた活動報告・提言を積極的に行っている。

現在では、支援する団体数が300を超え、また今後、新地方公会計制度の一層の拡充時期を迎えるにあたり、組織としての社会的責任を果たすため一般社団法人設立の運びとなる。

前身の「公会計人会」時代に、『新地方公会計―実務上の諸問題』(2011年、東峰書房)、『続・新地方公会計―健全なインフラの整備』(2012年、東峰書房)を刊行している。

地方公会計2016
統一基準と実務上の諸問題

2016年3月23日　初版第1刷発行

編　著　　一般社団法人 地方公会計研究センター
発行者　　鏡渕　敬
発行所　　株式会社 東峰書房
　　　　　〒102-0074　東京都千代田区九段南4-2-12
　　　　　電話　03-3261-3136　FAX　03-3261-3185
　　　　　http://tohoshobo.info/

装幀・デザイン　　小谷中一愛
印刷・製本　　　　株式会社 シナノパブリッシングプレス
©Local Public Accounting Research Center ,Inc
ISBN978-4-88592-178-0　C0033